Charles Baudelaire

Die Blumen des Bösen

Übersetzung von
Monika Fahrenbach-Wachendorff
Nachwort von
Hartmut Köhler

Philipp Reclam jun. Stuttgart

Umschlagabbildung: Selbstbildnis Baudelaires.
Federzeichnung (um 1860)

Universal-Bibliothek Nr. 5076
Alle Rechte vorbehalten
© 1992 Philipp Reclam jun. GmbH & Co., Stuttgart
Gesamtherstellung: Reclam, Ditzingen. Printed in Germany 1992
RECLAM und UNIVERSAL-BIBLIOTHEK sind eingetragene
Warenzeichen der Philipp Reclam jun. GmbH & Co., Stuttgart
ISBN 3-15-005076-6

An den Leser

Torheit, Sünde, Mißgunst, Irrtum zehren
An unserm Leib, besetzen unsern Geist,
Und jeder seine netten Skrupel speist,
Wie Bettelleute Ungeziefer nähren.

Verstockte sind wir, die nur lau bereun,
Doch wenn es lohnt, auch manches eingestehn,
Dann froh auf sumpfigem Wege weitergehn
Und glauben, Tränen waschen alles rein.

Satan, der Dreimalgroße, wiegt allzeit
Auf Bösem weich gebettet das Gemüt;
Und das Metall der Willenskraft verglüht
Durch dieses Alchimisten Fertigkeit.

Der Teufel hält die Fäden, die uns leiten!
Wir finden Lust an widerlichen Dingen,
Die uns der Hölle täglich näherbringen,
Uns graut nicht im Gestank der Dunkelheiten.

Wie arme Wüstlinge, die schmatzend küssen
Von alten Huren die zerquälten Brüste,
So naschen wir verstohlen rasch die Lüste,
Die wir wie Apfelsinen pressen müssen.

Und wie von Würmern, die sich wimmelnd drängen,
Wird von Dämonen unser Hirn verschlungen,
Mit unserm Atem fließt in unsre Lungen
Der unsichtbare Tod mit Klagesängen.

Wenn die Gewalt, das Gift, der Dolch und Brand
Noch nicht das Jammerleben, das wir führen,
Nach ihrem Plan mit hübschen Mustern zieren,
So, weil die Kühnheit unsrer Seele schwand!

Doch unter Panthern und Schakalen aller Arten,
Den Affen, Geiern, Schlangen, die sich winden,
Den Ungeheuern, die wir heulend finden,
Kreischend und knurrend in des Lasters Garten,

Ist eins vor allen häßlich und gemein!
Zwar schreit es nicht und scheint sich kaum zu regen,
Doch würd es gern die Welt in Trümmer legen
Und schlänge gähnend sie in sich hinein;

Die Langeweile ist's! – Das Auge tränenreich
Raucht sie die Wasserpfeife, träumt vom Blutgericht.
Kennst du das heikle Ungeheuer nicht
– Scheinheiliger Leser – Bruder, der mir gleich!

Spleen und Ideal

I

Segen

Wenn nun der Dichter, folgend den Gesetzen
Der höchsten Mächte, in die Welt geführt,
Ballt seine Mutter, lästernd, voll Entsetzen
Die Fäuste gegen Gott, der Mitleid spürt:

– »Ach! hätt ich Vipern nur zur Welt gebracht,
Statt diese Spottgeburt in mir zu nähren!
Verflucht, ihr flüchtigen Lüste einer Nacht,
Die meinen Leib zur Buße so beschweren!

Weil Gott von allen Frauen mich berief,
Daß ich zum Abscheu werde meinem Mann,
Und weil ich nicht wie einen Liebesbrief
Das Scheusal in die Flammen werfen kann,

Will ich den Haß, womit er mich bedachte,
Auf dieses Werkzeug seiner Bosheit gießen,
Damit der kümmerliche Baum verschmachte,
Und die verseuchten Knospen niemals sprießen!«

Sie würgt den Haß hinab in ihren Schlund,
Begreift nichts von dem Plan der Ewigkeit,
Schürt selbst das Feuer in der Hölle Grund,
Das man solch mütterlichem Frevel weiht.

Doch da des Engels Schutz ihn sacht umschließt,
Berauscht der Arme sich am Sonnenschein,
Und alles, was er sieht und was er ißt,
Wird ihm Ambrosia und Götterwein.

Wenn er mit Winden spielt, mit Wolken plaudert
Und trunken singend auf dem Kreuzweg zieht,
Dann weint der Schutzgeist, der ihm folgt, und schaudert,
Daß er ihn froh wie einen Vogel sieht.

Die, die er liebt, betrachten ihn erschrocken,
Erdreisten sich ob der Gelassenheit
Und eifern, ihm ein Klagen zu entlocken;
An ihm erproben sie die Grausamkeit.

Sie mischen Brot, das er zum Munde führt,
Mit Asche und sie speien in den Wein;
Scheinheilig meiden sie, was er berührt,
Und schämen sich, auf seiner Spur zu sein.

Auf alle Plätze läuft sein schreiend Weib:
»Da ich ihm schön erschein ohn alle Maßen,
Mach ich's den Göttern nach, zum Zeitvertreib
Will ich, wie sie, mich ganz vergolden lassen,

An Narde, Weihrauch, Myrrhe mich berauschen,
An Wein und Fleisch und Knien, die gebeugt,
Um lachend diesem Herzen abzulauschen,
Ob es mir göttliche Verehrung zeigt!

Und, wenn dem Überdruß die Possen weichen,
Wird fest er meine zarten Hände fühlen;
Die Nägel, die Harpyienkrallen gleichen,
Sie werden sich zu seinem Herzen wühlen.

Wie einen jungen Vogel, der erschauert,
Will ich sein Herz aus seinem Busen reißen
Und meinem Lieblingstiere, das schon lauert,
Zum Fraß verächtlich auf den Boden schmeißen!«

Am Himmel kann er einen Thron gewahren,
Der fromme Dichter hebt den Arm gelassen,

Und Blitze, die den lichten Geist durchfahren,
Verhehlen ihm den Anblick wilder Massen:

– »Mein Gott, für alle Leiden sag ich Dank,
Die heilsam sind für unsre Eitelkeiten
Und gleich dem besten und dem reinsten Trank
Auf heilige Wonnen Starke vorbereiten!

Ich weiß, daß du dem Dichter Platz bereitest
Inmitten deiner heiligen Legionen,
Und daß du ihn zum ewigen Fest geleitest
Von Herrschaften, von Kräften, und von Thronen.

Einzig im Schmerz ist Adel zu begründen,
An dem nicht Erde und nicht Hölle nagen,
Um den geheimen Kranz für mich zu winden,
Hat Zeit und Welt ihr Anteil beizutragen.

Doch auch Palmyras lang verschollener Schmuck,
Des Meeres Perlen, fremder Edelstein,
Von deiner Hand gefaßt, kann nicht genug
An Glanz und Schmelz für diesen Stirnreif sein;

Denn nur das reinste Licht wird dazu taugen,
Wenn heilige Glut die ersten Strahlen spinnt,
Wofür die wundervollen Menschenaugen
Nur klägliche und trübe Spiegel sind!«

II

Albatros

Oft fangen die Matrosen zum Vergnügen
Sich Albatrosse, welche mit den weiten
Schwingen gelassen um die Schiffe fliegen,
Die über bittere Meerestiefen gleiten.

Wenn sie sich linkisch auf den Planken drängen,
Die Könige der Bläue, wie verlegen
Und kläglich da die weißen Flügel hängen,
Ruder, die schleppend sich zur Seite legen.

Beflügelt, doch wie schwächlich und gespreizt!
Zuvor so schön, jetzt häßlich und zum Lachen!
Der mit der Pfeife seinen Schnabel reizt,
Und jener sucht ihn hinkend nachzumachen!

Dem Herrscher in den Wolken gleicht der Dichter,
Der Schützen narrte, der den Sturm bezwang;
Hinabverbannt zu johlendem Gelichter,
Behindern Riesenschwingen seinen Gang.

III

Erhebung

Hoch über Täler hin, hoch über Teiche,
Hoch über Wälder, Wolken, Meer und Klüfte,
Jenseits der Sonne, jenseits blauer Lüfte,
Jenseits der Grenzen aller Sternenreiche

Bewegst du dich, mein Geist, und ohne Rast,
So wie ein Schwimmer sich der Fluten freut,
Durchpflügst du tiefe Unermeßlichkeit,
Von männlich namenloser Lust erfaßt.

Entfliehe weit den Dünsten, die versehren,
Zu höheren Lüften hin, dort wirst du rein,
Wie himmlisch klares Labsal sauge ein
Die hellen Feuer, die den Raum verklären.

Glücklich, wer Überdruß und Leid bezwingt,
Schwer muß daran das dumpfe Dasein tragen,

Und wer empor mit starkem Flügelschlagen
Zu lichten, heiteren Gefilden dringt,

Wem Lerchen gleich Gedanken sich aufschwingen,
Die zu den Himmeln steigen in der Frühe,
– Wer überm Leben schwebt und ohne Mühe
Den Blumen zuhört und den stummen Dingen!

IV

Übereinstimmungen

Natur: ein Tempelbau, lebendige Säulen ragen,
Manchmal daraus ein wirres Wort entflieht;
Der Mensch durch Wälder von Symbolen zieht,
Die mit vertrauten Blicken ihn befragen.

Wie lang ein Hall und Widerhall von weit
In Eines dunkel tief zusammenklingen,
Ton, Duft und Farbe ineinander schwingen,
Endlos wie Nacht und wie die Helligkeit.

Und Düfte gibt es, frischer als ein Kind,
Wie Wiesen grün, süß wie Oboen tönen,
– Und andre, die verderbt und üppig sind,

Die siegreich ins Unendliche sich dehnen,
Wie Ambra, Moschus, Mandel, Myrrhe singen
Verzückungen, die Geist und Sinn durchdringen.

V

Wie lieb ich dieser nackten Zeiten Bild
Mit Statuen, von Phöbus' Gold umspielt,
Als Mann und Weib sich aneinander freuten,
Lebhaft und ohne Falsch und Ängstlichkeiten,
Und stählten sie die Kraft der edlen Glieder,
Sah liebevoll der Himmel auf sie nieder.
Kybele, fruchtbar, voller reicher Gaben,
Schien an den Söhnen keine Last zu haben,
Das Herz der Wölfin zärtlich überging,
Das All an ihren braunen Zitzen hing.
Der Mann war stolz auf seiner Schönen Schar,
Für die er stark und vornehm König war,
Früchte, die makellos und rein zu preisen,
Verlockend, in ihr festes Fleisch zu beißen!

Doch will der Dichter heute noch gewahren
Die Herrlichkeiten, die am Ursprung waren,
Wenn Mann und Weib ihm ihre Nacktheit zeigen,
Faßt seine Seele kaltes, finstres Schweigen.
Dies düstre Bild muß er voll Grauen sehn.
O Mißgestalten, die um Kleider flehn!
O lächerliche Rümpfe, wohl der Masken wert!
Arme, verkrampfte Körper, bäuchig, abgezehrt,
Welche der Gott des Nutzens, heiter, ungerührt,
Als Kinder schon in erzene Windeln eingeschnürt!
Ihr Frauen, blaß wie Kerzen anzuschauen,
Die Laster nährt und zehrt, und ihr, Jungfrauen,
Vom Fluch der Mütter seid ihr nicht befreit,
Erbt ihn mit aller Schmach der Fruchtbarkeit!

Schönheiten aber sind in unserm Land,
Die waren alten Völkern unbekannt:
Gesichter, die des Herzens Krankheit künden,
Der Sehnsucht Schönheit mag man darin finden;
Was unsere späte Muse sich erdacht,

Hat dies Geschlecht nicht davon abgebracht,
Daß es der Jugend Huldigung bezeigt
– Der heiligen Jugend, sanft die Stirn geneigt,
Das Auge hell, wie Wasser klar, ganz schlicht,
Verströmt sie überall und sorgt sich nicht,
Wie Himmel, Vögel, Blumen, die da blühen,
Ihr Duften, Singen und ihr sanftes Glühen!

VI

Leuchtfeuer

Rubens, ein Lethestrom, ein Garten träg und schwer,
Kissen von nacktem Fleisch, wo man nicht lieben kann,
Doch wie die Luft im Himmel, wie das Meer im Meer,
So flutet dort das Leben unaufhaltsam an;

Bei Leonardo, Spiegel tiefer Dunkelheiten,
Ein Land von Gletschern und von Pinien umgeben,
Wo anmutsvolle Engel durch die Schatten gleiten,
Süße Geheimnisse in ihrem Lächeln schweben;

Rembrandt, ein Siechenhaus, durch das ein Murmeln geht,
Darin ein großes Kruzifix das einzige Bild,
Aus Schmutz erhebt sich unter Tränen ein Gebet,
Von einem winterlichen Strahle jäh umspielt;

Bei Michelangelo kann man, in ödem Land,
Christus – mit Herkulesgestalten wandeln sehn,
Und Geister, die im Dämmern mit gespreizter Hand,
Ihr Leichentuch zerreißend, machtvoll auferstehn;

Der bei den Pferdeknechten Schönheit sammeln kann,
Schamlosigkeit des Fauns, des Boxers Wüten,
Das große stolze Herz, der schwächlich gelbe Mann,
Puget, muß melancholisch Sträflingen gebieten;

Watteau, ein Karneval, wo die erlauchten Herzen
Wie Schmetterlinge flammend hin und wider schwirren,
Der Zierat frisch und leicht, erhellt vom Licht der Kerzen,
Die Irres träufeln auf der Tänze wilde Wirren;

Goya ist eines nie gesehenen Spuks Erfinder,
Ein Foetus wird gesotten in dem Hexensabbat,
Die Alten vor dem Spiegel und ganz nackte Kinder,
Dämonen zu verlocken, ziehn die Strümpfe glatt;

Bei Delacroix, am Blutsee böse Engelscharen,
Vom Tannenwald beschattet, kühl und immer grün,
Wo unter trübem Himmel seltsame Fanfaren
Wie dumpfe Seufzerklänge Webers weiterziehn;

All diese Flüche, Lästerungen, Klagen, Lallen,
Diese Ekstasen, Tränen, Schreie, dies *Te Deum*
Sind Echos, die durch tausend Labyrinthe hallen;
Für todgeweihte Herzen göttliches Opium!

Ein Wächterruf, der laut ertönt aus tausend Kehlen,
Ein Losungswort, das ringsum tausendfach erschallt,
Leuchtfeuer, angefacht auf tausend Zitadellen,
Ein Hornsignal verirrter Jäger tief im Wald!

Denn wahrlich, Herr, das beste Zeugnis, das wir fanden
Von unsrer Würde, um es dir zu unterbreiten,
Sind diese Seufzer, die durch alle Zeiten branden
Und sterben am Gestade deiner Ewigkeiten!

Die kranke Muse

Du meine arme Muse! Was fehlt dir heute morgen?
In deinem hohlen Blick gehn Nachtgesichte um,
Ich seh, es huschen über dein Gesicht die Sorgen,
Bald das Entsetzen, bald der Wahnsinn, kalt und stumm.

Hat dir der grüne Sukkubus, der rosarote Geist
Aus seinem Kruge Angst und Liebe eingeschenkt?
Hat dich die Faust des Alps, gewalttätig und dreist,
Im sagenhaften Sumpf Minturnaes tief ertränkt?

Ein Hauch von Frische soll um deinen Busen schweben,
Daß stärkende Gedanken immer ihn beleben;
Dein christlich Blut, es fließe hin in steten Wellen,

Wie Laute, die aus alten Sprachen zahllos quellen,
Daraus der Gott der Lieder, Phoebus, noch zu hören,
Und die den großen Pan, der Ernte Herr, beschwören.

VIII

Die käufliche Muse

O Muse meines Herzens, die Paläste liebt,
Ob es, wenn Januar den Nordwind weckt,
Und Schnee die öden Abende bedeckt,
Für deine blauen Füße Feuer gibt?

Belebst die Marmorschultern du verstohlen
Am Strahl, der nachts durch deine Läden fällt?
Mit trockener Kehle und im Sack kein Geld
Willst du dir Gold vom Sternenhimmel holen?

Du mußt, um jeden Abend Brot zu haben,
Das Rauchfaß schwingen wie die frommen Knaben
Und ohne Glauben das *Te Deum* singen,

Mußt gaukelnd hungrig auf dem Seile schweben,
Mit deinen Scherzen, darin Tränen beben,
Und deinem Reiz das Volk zum Lachen bringen.

IX

Der schlechte Mönch

Die alten Klöster stellten auf den Wänden
Die heilige Wahrheit so in Bildern dar,
Daß dort die frommen Herzen Wärme fänden
In all der Strenge, die voll Kälte war.

Damals, als Christi Acker reich bestellt,
Wählt' manch berühmter Mönch, der heut verschollen,
Als Wirkungsstätte sich das Gräberfeld,
Um so dem Tod in Einfalt Lob zu zollen.

– Mir ist die eigne Seele Grab und Klause,
Wo ich als Zönobit verloren hause;
Nichts rahmt die Klostermauern freundlich ein.

Ich saumseliger Mönch! Ach wann denn bloß
Wird mir das Bild von meinem trüben Los
Der Hände Tun, der Augen Wonne sein?

Der Feind

Die Jugend lag gewitterschwer im Dunkeln,
Nur hie und da war Sonne mir beschert;
In meinem Garten wenig Früchte funkeln,
Es haben Blitz und Regen ihn verheert.

Nun fühl ich der Gedanken Herbst beginnen,
Muß mit der Hacke und der Schaufel graben,
Um aus den Fluten Neuland zu gewinnen,
Die grabestiefe Löcher ausgewaschen haben.

Wer weiß, ob für die Blumen, die ich träume,
Im Grund, der unterspült wie Meeressäume,
Geheime Nahrung ihrer Kräfte ist?

– O Jammer! Jammer! Zeit verschlingt das Leben,
Der finstre Feind, der uns das Herz zerfrißt,
Wächst und gedeiht vom Blut, das wir ihm geben!

XI

Der Unstern

Wer solch Gewicht zu stemmen wagt,
Sisyphus, brauchte deinen Mut!
Auch wer beherzt die Arbeit tut,
Lang währt die Kunst, die Zeit, sie jagt.

Von den berühmten Grüften fort
Zieht wie ein Tambour schwarz verhüllt
Mein Herz, das Trauermärsche spielt,
Zum Friedhof an entlegenem Ort.

– Dort ruht so manche Kostbarkeit
Vergessen in der Dunkelheit,
Zu tief und nicht mehr auszuloten;

Wehmütig strömt ein Blütenduft
Süß wie Geheimnis in die Luft
Und in die Einsamkeit von Toten.

XII

Das frühere Leben

In Hallen hab ich lange Zeit verbracht,
Die Meeressonnen flammend übergossen;
Die Säulen, diese würdevollen großen,
Machten sie Grotten ähnlich in der Nacht.

Die Wogen schaukelten des Himmels Bild;
Sie mischten feierlich, geheimnisvoll
Ihr Tönen, das so allgewaltig schwoll,
Ins Abendrot, von dem mein Blick erfüllt.

Voll sanfter Wollust lebt ich da in Schweigen,
Mitten in Glanz und Wellen, blauen Lüften,
Und nackte Sklaven mit den satten Düften

Kühlten die Stirne mir mit Palmenzweigen;
Und einzig diese Sorge sie beschwerte:
Welch schmerzliches Geheimnis an mir zehrte.

Zigeuner unterwegs

Das Volk, das wahrsagt, mit den kühnen Augen,
Brach gestern auf und trug die Kleinen mit
Auf seinem Rücken; ihrem Appetit
Bot immer sich die schlaffe Brust zum Saugen.

Neben dem Wagen, wo die Ihren kauern,
Zu Fuß mit blanker Waffe Männer gehn,
Die mit verhangenem Blick zum Himmel sehn
Nach einem fernen Trugbild, voll Bedauern.

Die Grille, die am Grund des Sandlochs sieht,
Wie sie vorübergehn, verstärkt ihr Lied;
Kybele, die sie liebt, läßt Grün sich breiten,

Läßt Felsenquellen sprudeln, Wüsten blühn
Für diese Wanderer, die weiterziehn
In das vertraute Reich zukünftiger Dunkelheiten.

XIV

Der Mensch und das Meer

Du freier Mensch, der Meere liebt und preist!
Dein Spiegel sind sie, der die Seele zeigt,
Wo ohne Ende Brandung fällt und steigt;
Nicht minder bittrer Abgrund ist dein Geist.

Und du vertiefst dich und umgreifst dein Bild,
Mit Aug und Arm, aus seinem eigenen Brüten
Löst manchmal sich dein Herz bei diesem Wüten
Und dieser Klage, unbezähmbar wild.

Verschwiegen beide, dunkel wie die Nacht:
Mensch, wer kann deine Tiefen je ergründen;
Meer, wer kann deinen innern Reichtum finden,
Da ihr Geheimnisse mit Eifersucht bewacht!

Seit ungezählten Zeiten, immer wieder
Stürzt ihr euch mitleidlos in euren Streit,
So heftig liebt ihr Tod und Grausamkeit,
O ewige Kämpfer, o entzweite Brüder!

XV

Don Juan in der Unterwelt

Als Don Juan zum Acheron gefahren,
Gab er dem Charon seinen Obolus,
Ein Bettler mit Antisthenes' Gebaren
Setzt' ihn als Rächer über jenen Fluß.

Mit schlaffen Brüsten und mit offenem Kleid,
Wanden die Frauen sich in dunkler Nacht;
Die dumpfen Klagelaute tönten weit,
Als würden Opfertiere dargebracht.

Und lachend heischte Sganarelle den Lohn;
Don Luis wies mit schwacher Hand verzagt
Den Toten dort am Ufer seinen Sohn,
Der seiner bleichen Stirn zu spotten wagt.

Elvira sah man bei dem Gatten stehn,
Bei dem Geliebten, und ihr Schleier bebte;
Sie schien ein letztes Lächeln zu erflehn,
In dem noch Süße erster Schwüre lebte.

Ein Mann aus Stein in seiner Rüstung stand
Aufrecht am Ruder und durchschnitt die Fluten,
Auf sein Rapier gestützt und abgewandt;
Des Helden Blicke auf den Wellen ruhten.

XVI

Züchtigung der Hoffart

Zur Zeit, da Gottgelehrtheit wundersam
Und kraftvoll blühte und zum Tragen kam,
Sagt man, daß einst ein Doktor jener Großen
– Als er zu schwarzen Tiefen vorgestoßen
Und jene trägen Herzen aufgerührt,
Als ihn sein Schritt dann himmelan geführt
Auf Wegen, die ihm selber unbekannt,
Die sonst vielleicht ein reiner Geist nur fand –
Wie einer, den die Höhenangst ergriff,
Von Satans Hoffart hingerissen rief:
»Jesus, kleiner Jesus! Ich hab dich hoch erhoben!
Hätt ich dich bloßgestellt, statt dich zu loben,
Wärst du zur Schande statt zum Ruhm erkoren
Und einzig als ein Kind des Spotts geboren!«
Alsbald verließ ihn sein Verstand.
Ein Flor verhüllte ihn, sein Licht entschwand;
Das ganze Chaos diesen Geist durchwühlte,
Ein Tempel einst, den Ordnung reich erfüllte
Und Festlichkeit mit ihrem hellen Schein.
Jetzt zog die Nacht und zog die Stille ein
Wie in ein Grabgewölbe, das für stets verschlossen.
Von nun an glich er Tieren in den Gossen;
Durchstreifte er das Land, nahm nichts mehr wahr,
Wußt nicht, ob Sommer oder Winter war,
Unnütz und schmutzig wie verbrauchte Sachen,
Neckten ihn Kinder, um ihn auszulachen.

Die Schönheit

Sterbliche, ich bin schön! ein Traum aus Stein;
Mein Schoß, darin sie alle sich verzehren,
Entzündet in den Dichtern ein Begehren,
Ewig und stumm, wie unbelebtes Sein.

Bin rätselhafte Sphinx, im Äther wachend,
Wie Schwäne weiß, mein Herz wie Schnee so kalt;
Bewegung hasse ich, sie ändert die Gestalt,
Noch niemand sah mich weinend oder lachend.

Die Dichter, vor der Größe der Gebärden,
Als hätte ich sie Statuen entliehen,
In ernstem Sinnen sich verzehren werden;

Ich habe, diese Freunde anzuziehen,
Spiegel, die alle Dinge schöner zeigen:
Die Augen, denen ewige Helle eigen!

XVIII

Das Ideal

Es werden niemals diese Schönen von Vignetten,
Geschöpfe leerer Zeiten mit entstellten Zügen,
Am Fuß die Stiefelchen, am Finger Kastagnetten,
So einem Herzen, das wie meines ist, genügen.

Gavarni sei das Lied auf Bleichsucht überlassen
Und das Gewisper seiner Schönen vom Spital;
Ich finde unter diesen Rosen, diesen blassen,
Nicht eine Blume wie mein rotes Ideal.

Wonach dies Herz verlangt, das wie ein Abgrund tief,
Lady Macbeth, seid ihr, die nach Verbrechen rief,
Ein Traum des Äschylos, vom Südwind angefacht;

Kind Michelangelos bist du, die große Nacht,
Die sanft in eigener Pose ihren Reiz entfaltet,
Der für die Münder von Titanen so gestaltet!

XIX

Die Riesin

Zur Zeit, da der Natur begeistert Kräfte schwollen,
Sie jeden Tag erschuf die ungeheure Brut,
Hätt ich bei einer jungen Riesin leben wollen,
Lustvoll, wie eine Katze bei der Königin ruht.

Gern hätte ich gesehn, wie Leib und Seel erblühten,
Wenn sie sich ungehemmt in wildem Spiele stählte,
Erraten, ob im Herzen dunkle Flammen glühten,
An feuchtem Nebel, der in ihren Augen schwelte;

Mit Muße hätte ich die Formenpracht bezwungen,
Mich auf die riesenhaften Knie hinaufgeschwungen
Und manchmal, wenn im Sommer in der ärgsten Glut

Sie sich ermattet auf den Fluren hingestreckt,
Im Schatten ihrer Brüste wohlig ausgeruht,
Dem Weiler gleich, der friedlich im Gebirg versteckt.

Die Maske

Allegorische Figur im Geschmack der Renaissance

Laßt vor dem florentiner Kleinod uns verweilen,
Das Muskelspiel des Leibes zu betrachten,
Drein sich erhabene Schwestern, Kraft und Anmut, teilen.
Dies Weib ist wahrhaft als ein Wunderwerk zu achten,
Anbetungswürdig schlank und göttergleich robust,
Im Prunkgemach zu thronen scheint ihr Los zu sein,
Für eines Kirchenfürsten oder Prinzen Lust.

– Sieh auch dies Lächeln, wollüstig und fein,
Das schwärmerisch von Eitelkeit umspielt,
Den Blick, voll Spott, so schmachtend und verstohlen,
Dies liebliche Gesicht, in Schleier eingehüllt,
Drin jeder Zug uns sagt, siegreich und unverhohlen:
»Die Lust hat mich gerufen, die Liebe mich gekrönt!«
Dies Wesen, das so hoheitsvoll zu preisen,
Wird von besonderem Liebreiz noch verschönt!
Kommt her, laßt ihre Schönheit uns umkreisen.

O Lästerung der Kunst! Wie unselig gewendet!
Der Götterleib der Frau, der uns das Glück verspricht,
Formlos in einem Januskopfe endet!

– Doch nein! Nur eine Maske ist dies Scheingesicht,
Von einem Grinsen künstlich aufgehellt,
Und schau, hier sehen wir das wahre Haupt,
Das wirkliche Gesicht, so grauenhaft entstellt,
Dem das geheuchelte nicht aufzuschaun erlaubt.
Arme, große Schönheit! Köstlich sinkt
Dein Tränenstrom in mein bedrücktes Herz;
Die Lüge macht berauscht, und meine Seele trinkt
Die Flut, die dir aus deinen Augen quillt im Schmerz!

– Doch warum weint die makellose Schönheit?
Sie legte leicht die Menschheit sich zu Füßen,
Was nagt an ihr geheimnisvoll ein Leid?

– Daß sie gelebt, du Narr, läßt ihre Tränen fließen!
Und daß sie lebt! Doch was sie mehr beklagt –
Dies läßt bis in die Knie sie erbeben –
Ist, daß sie leben muß, wenn es von neuem tagt!
Morgen und immerzu! – wie wir! – noch weiterleben!

XXI

Hymne an die Schönheit

Kommst du vom Himmel, Schönheit, oder aus den Tiefen?
Gibst gute Taten und Verbrechen ein,
Die höllisch, göttlich deine Blicke riefen,
Und so vergleiche ich dich mit dem Wein.

In deinem Aug die Sonne steigt und sinkt,
Verströmst die Düfte der Gewitternacht;
Von deinen Lippen man den Zauber trinkt,
Der Helden feige, Knaben mutig macht.

Schwebst du von Sternen, steigst aus schwarzem Grunde?
Das Schicksal folgt dir, wie ein Hund ergeben;
Unheil und Freude säst du in die Runde,
Lenkst alles, ohne Rechenschaft zu geben.

Ich seh dich achtlos über Leichen schreiten;
Zu deinem Schmuck gehört auch das Entsetzen;
So kann, bei deinen kleinen Kostbarkeiten,
Der Mord auf deinem Bauche sich ergötzen.

Die Fliege, die dein Kerzenlicht erreicht,
Preist brennend deine Flamme und verglost!

Der Liebende, der bei der Schönen keucht,
Gleicht einem Kranken, der sein Grab liebkost.

Kommst du vom Himmel, aus der Höll empor,
Gleichviel, argloses Ungeheuer, Schönheit!
Ist mir dein Aug, dein Lächeln doch das Tor
Zur teuren, nie erfahrenen Ewigkeit!

Von Gott, von Satan, Engel oder Zauberin?
Gleichviel, wenn nur dein Duft und deine Pracht,
Dein Gang, dein samtener Blick, oh meine Königin!
Die Welt mir schöner, Zeit mir leichter macht!

XXII

Exotischer Duft

Wenn ich geschlossenen Augs in lauer Nacht
Im Dufte deines warmen Busens bade,
Dann seh ich vor mir selige Gestade,
Darüber stets die Glut der Sonne wacht;

Ein träges Eiland, von Natur bedacht
Mit seltenen Bäumen, Früchten, prall von Saft,
Mit Männern, welche schlank sind und voll Kraft,
Frauen mit freiem Blick, der staunen macht.

Mich führt dein Duft zu zauberhaften Himmeln,
Zu einem Hafen, darin Masten wimmeln
Und Segel, die erschlafft vom Wogen sind;

Ein Hauch von grünen Tamarisken zieht
Um meine Nasenflügel, schwebt im Wind,
Verschmilzt in meiner Seele mit dem Schifferlied.

Das Haar

O Vlies auf deinen Schultern, welche Pracht!
O Locken! Schwer von trägem Wohlgeruch!
Ekstase! Daß in dem Alkoven heute nacht
Erinnerung in diesem Haar erwacht,
Will ich es schwenken wie ein Taschentuch!

Das Schmachten Asiens und Afrikas Erglühen,
Verschollene Welten, ferne wie in Grüften,
Durch Tiefen dieses würzigen Waldes ziehen!
Wie andere Geister auf den Harmonien,
Geliebte! schwebe ich auf deinen Düften.

Ich geh dorthin, wo Baum und Mensch, voll Saft,
Sich ganz verströmen in dem Sonnenglast;
Geflecht, sei Woge, die mich mit sich rafft!
Du Meer aus Ebenholz schenkst zauberhaft
Den Traum von Segel, Ruder, Wimpel, Mast:

Ein Hafen, meine Seele trinkt in weiten
Zügen: den Duft, die Farbe und das Klingen;
Wo Schiffe, die in Gold und Seide gleiten,
Den Glanz zu fassen, weit die Arme breiten
Zum Himmel, darin ewig Gluten schwingen.

Ich will mein wonnetrunkenes Haupt versenken
Im schwarzen Ozean, wo jener eingeschlossen;
Das Schlingern wird dem grüblerischen Denken
Fruchtbringend wieder neue Trägheit schenken,
Im Wiegen, von der Muße Hauch umflossen!

Du blaues Haar, Gezelt aus weiten Nächten,
Holst den Azur endloser Himmel her;
Es ist, als ob die flaumverbrämten Flechten

Berauschende und wirre Düfte brächten,
Von Kokosöl, von Moschus und von Teer.

Ich streu Rubine, Perlen, Saphirstein
Noch lange! immer! in der Mähne Wogen,
Nie mögst du taub für mein Verlangen sein!
Bist du nicht meine Traumoase und der Wein,
Mit dem Erinnerung ich eingesogen?

XXIV

Wie vor dem Sterngewölbe will vor dir ich knien,
Gefäß der Traurigkeit, o große Schweigerin,
Und lieb dich mehr noch, da du mich verachtest,
Zier meiner Nächte, und zu mehren trachtest
Die Meilen, die sich zwischen uns hinbreiten
Und meine Arme trennen von Unendlichkeiten.

Ich stürme vor und will den Angriff schüren
Wie Würmer, die nach einer Leiche gieren,
Und liebe, unerbittlich, grausam Tier!
Selbst deine Kälte, sie verschönt dich mir!

XXV

Du nähmst die ganze Welt ins Bett zum Zeitvertreib,
Grausam vor Langeweile, schamlos bist du, Weib!
Und brauchst an jedem Tag, dich zu ergötzen,
Ein Herz, um deine Zähne dran zu wetzen.
Die Augen, die wie Buden grell erhellt,
Wie Lampen, für ein Volksfest aufgestellt,
Gebrauchen frech die trügerische Pracht,
Begreifen nie, was ihren Reiz ausmacht.

Du blindes, taubes Ding, von Grausamkeit geschwellt!
Du Mittlerin des Heils, du trinkst das Blut der Welt;
Hast du denn keine Scham, und hast du nicht gesehn
In allen Spiegeln deinen Reiz vergehn?
Die Größe dieses Übels, das du glaubst zu fassen,
Hat sie dich niemals furchtsam zaudern lassen,
Wenn die Natur, verborgenes Ziel zu finden,
Sich deiner, Weib, bedient, o Königin der Sünden,
Um ein Genie zu bilden – in solch gemeinem Wesen –?

Größe aus Schlamm! O Schmach so auserlesen!

XXVI

Sed non satiata

Wunderliche Gottheit, die so braun wie Nächte,
Und Duft verströmt von Moschus und Havanna-Blatt,
Die wohl ein Wüsten-Faust, ein Geist erschaffen hat,
Hexe aus Ebenholz, Kind schwarzer Mitternächte,

Für dieses Elixier, das dir im Munde quillt,
Geb ich des Südens Weine und das Opium hin;
Wenn meiner Sehnsucht Karawanen zu dir ziehn,
Sind deine Augen die Zisterne, die sie stillt.

Aus diesen Seelenschächten, deinen schwarzen Augen,
Laß mich, Erbarmungslose, weniger Glut einsaugen;
Ich bin nicht Styx, dich neun Mal zu umschlingen;

Und könnte ich dich, lüsterne Megäre,
Denn in die Enge treiben und bezwingen,
Wenn ich im Höllenbett Proserpina dir wäre?

Mit wogendem und schimmerndem Gewand
Scheint sie beim Schreiten sich im Tanz zu wiegen,
Wie an den Stäben in des Gauklers Hand
Die langen Schlangen sich im Takte biegen.

Wie Sand und Blau in Wüsteneinsamkeit,
Die von dem Leid des Menschen nichts verspürt,
Wie sich im Meere Well an Welle reiht,
Entfaltet sie sich und bleibt ungerührt.

Die blanken Augen sind aus Mineral,
Dies Wesen seltsam gleichnishaft erscheint,
Wo sich antike Sphinx dem reinen Engel eint,

Wo alles Gold ist, Diamant und Stahl,
Strahlt unnütz, wie ein Stern, der nie vergeht,
Des unfruchtbaren Weibes kalte Majestät.

XXVIII

Die tanzende Schlange

Wie gern seh ich, Geliebte du,
   Schöne, ohne Fühlen,
Den Lichtern wie von Seide zu,
   Die deine Haut umspielen!

Ganz in dein dichtes Haar geschmiegt,
   Daraus Gerüche quellen,
Ein Meer, das duftet und sich wiegt
   Mit braun und blauen Wellen,

Dem Schiffe gleich, das Anker lichtet,
   Im Morgenwind beizeiten,

Sich meine Seele träumend richtet
  Auf ferne Himmelsweiten.

Die Augen, darin nichts erstrahlt,
  Was bitter ist und hold,
Sind beide wie Geschmeide kalt,
  Ein Schmuck aus Stahl und Gold.

Das Ebenmaß in deinem Gange,
  So schön und ungezwungen,
Scheint wie das Tanzen einer Schlange,
  Um einen Stab geschlungen.

Dein Kinderköpfchen wird dir schwer,
  Von Trägheit übermannt,
So schaukelt sachte hin und her
  Ein junger Elefant;

Dein Körper sich erhebt und beugt,
  Wie leis ein Schiff sich wiegt
Und Rahen übers Wasser neigt,
  Das in der Dünung liegt.

Wie eine Flut aus Gletschern quillt
  Und stürmisch sich ergießt,
Wenn Wasser dir im Munde schwillt,
  Zum Rand der Zähne fließt,

Glaub ich, ich trinke Böhmerwein,
  Würzig und voller Glut,
Flüssigen Himmel, der Sternenschein
  Mir träufelt in mein Blut!

Ein Aas

An jenes Ding, mein Herz, erinnre dich,
  Es war ein schöner, milder Sommertag:
Ein Aas am Wegesrande widerlich
  Auf einem Bett von Kieseln lag;

Die Beine spreizend wie ein geiles Weib,
  Gift schwitzend und vergoren,
Erschloß es seinen aufgedunsenen Leib,
  Nachlässig, unverfroren.

Die Sonne strahlte auf die Fäulnis nieder,
  Als koche sie sie vollends gar
Und gäbe der Natur vervielfacht wieder,
  Was vormals eines war;

Der Himmel sah auf das Gerippe hin,
  Als öffne eine Blüte sich.
So stark war der Gestank, daß es dir schien,
  Ohnmacht erfasse dich.

Und Fliegen summten über faulen Därmen,
  Daraus wie zähe Flüssigkeiten
Die Larven krochen, sich in schwarzen Schwärmen
  Über die Fetzen auszubreiten.

Dies alles hob und senkte sich in Wellen
  Und schillerte und schwebte;
Man meinte, daß der Leib in leichtem Schwellen
  Sich mehre und so lebte.

In dieser Welt erklang ein seltsam Singen,
  Wie Wasser, wie der Wind, der weht,
Oder wie Korn, das rhythmisch auf den Schwingen
  Geworfelt wird und umgedreht.

Die Form verschwamm und war nur noch ein Traum,
  Entwurf mit flüchtigen Konturen,
Den man vergaß; und es enträtselt kaum
  Der Künstler seine Spuren.

Ein Hund sah lauernd und mit bösem Blick
  Hinter den Felsen vor;
Es trieb ihn zu dem Brocken Fleisch zurück,
  Den er bei dem Skelett verlor.

– Doch wirst auch du wie dieser Unrat sein,
  Wie diese Pest, so grauenhaft,
Stern meiner Augen, Licht in meinem Sein,
  Mein Engel du und meine Leidenschaft!

Ja! Königin, die allem Reiz gebietet,
  Nachdem du mit dem Sakrament versehn,
Wirst du von Gras und Blumen wohlbehütet
  Auch in Verwesung übergehn.

Dann sage dem Gewürm, du Wunderbare!
  Das dich verzehrt mit seinem Kuß,
Daß ich Gestalt und Göttlichkeit bewahre
  Der so Geliebten, die verderben muß!

XXX

De profundis clamavi

Einzig Geliebte, Du, ich fleh dein Mitleid an,
Aus jenem tiefen Abgrund, wo mein Herz versinkt.
Vom Horizont, der bleiern diese Welt umringt,
Treibt in der Nacht das Grauen und der Fluch heran;

Die wärmelose Sonne dort sechs Monde schwebt,
Sechs andre Monde lang deckt Nacht das Erdental;

Dies Land ist wie die Pole so entblößt und kahl
– Nicht Tier noch Bach, nicht Gras noch Wald mehr lebt!

Kein Schrecknis dieser Welt erstreckt sich je so weit
Wie dieser eisigen Sonne kalte Grausamkeit
Und diese Nacht, ein Chaos, ungeheuer groß;

Ich neide den geringsten Tieren noch ihr Los,
Sie sinken tief in dumpfen Schlaf hinab;
Wie langsam spult das Garn der Zeit sich ab!

XXXI

Der Vampir

Du, die mir wie ein Messerstoß,
Tief in mein klagend Herz gedrungen;
Du, die wie ein Dämonentroß
Daherkommt, toll, von Schmuck umschlungen,

Aus meinem Geist, der ganz zerschunden,
Dein Haus zu machen und dein Bette;
– Infame, so an dich gebunden
Gleich ich dem Sträfling an der Kette,

Dem Spieler, der aufs Spiel versessen,
Dem Säufer, der die Flasche sucht,
Den Würmern, die das Aas zerfressen
– Verfluchte du, so sei verflucht!

Hab das behende Schwert gefragt,
Mir meine Freiheit neu zu gründen,
Dem heimtückischen Gift gesagt,
Sich meiner Feigheit zu verbünden.

Doch ach! das Gift und auch das Schwert,
Beide mich nur verächtlich fanden:
»Du bist nicht der Erlösung wert,
Von den verfluchten Sklavenbanden,

Du Tor! – Wenn wir von diesem Joch
Durch unsre Kunst dir Freiheit gäben,
So würden deine Küsse noch
Den Leichnam des Vampirs beleben!«

XXXII

Als ich bei einer Jüdin schlimm die Nacht verbrachte
– So legt ein Leichnam sich zu einer Leiche hin –
Ging mir bei dem verkauften Körper durch den Sinn
Die trauervolle Schöne, die ich zu meiden trachte.

Sah sie, die von Natur sich hoheitsvoll bewegt,
Den Blick, der so lebendig und so liebreich war,
Und wie ein Helm von Duft das aufgebauschte Haar –
Erinnerung, die meine Liebe neu erregt!

Mit Küssen würde ich den edlen Leib bedecken
Und von den schwarzen Flechten zu den frischen Füßen
Verschwenderisch all meine Zärtlichkeit ergießen,

Könnt eines Abends ich nur eine Träne wecken,
Grausame Königin! daß wenigstens verdunkelt
Der Glanz, der kalt in deinen Augen funkelt.

Späte Reue

Schläfst, meine dunkle Schöne, einstmals doch
Am Grund des Grabs aus schwarzem Marmorstein,
Dann wird Alkoven dir und Wohnung sein
Die tiefe Grube und das feuchte Loch,

Dann wird der Stein auf deinem Busen lasten
Und den geschmeidig anmutsvollen Lenden,
Des Herzens Schlagen und sein Wollen enden
Und deiner Füße ungezähmtes Hasten,

Dann sagt das Grab – dem ja mein Traum bekannt –
(Denn stets begreift das Grab des Dichters Sinn)
In langer Nacht, daraus der Schlaf verbannt:

»Was hilft es, unvollkommene Buhlerin,
Daß fremd dir blieb, worum die Toten klagen?«
– Wie Reue werden Würmer an dir nagen.

XXXIV

Die Katze

Komm an mein Herz, mein schönes Katzentier;
    Zieh ein der Tatze Krallen,
Gönn einen Blick in deine Augen mir,
    Achatgesprenkelt und metallen.

Wenn meine Finger müßig deinen Rücken
    Und übern Kopf dir streicheln,
Wenn meine Hand berauscht ist vom Entzücken,
    Dem Leib, der sprüht, zu schmeicheln,

Seh ich im Geiste meine Frau. Sie blickt
    Wie du, mein liebenswertes Tier,
So kalt und tief, als ob sie Dolche zückt,

    Von Kopf bis Fuß entströmt ihr
Ein feiner Hauch, und Raubtierdüfte ziehn
    An ihrem braunen Körper hin.

XXXV

Duellum

Zwei Krieger, die mit Waffen aufeinanderprallen,
Mit Funken und mit Blut ringsum die Luft besprengen.
Das Eisenklirren und die Spiele laut erschallen,
Wenn Liebeskümmernisse Jugend hart bedrängen.

Die Schwerter sind zerbrochen! Die Jugend ist verblüht,
Geliebte! Doch, mit Zähnen und Nägeln wohlbewehrt,
Rächen wir uns am Degen, am Dolch, der uns verriet.
O Wut der reifen Herzen, in denen Liebe schwärt!

Zu einer Schlucht, behaust von Luchs und Pardelkatzen,
Rollen die Helden, böse sich umklammernd, fort,
Und ihre Haut läßt Dornen blühn, die sie zerkratzen.

– Der Abgrund ist die Hölle, Freunde sind schon dort!
Laß, Amazone, reulos uns hinuntergleiten,
Dort glühe unser Haß in alle Ewigkeiten!

Der Balkon

Geliebte der Geliebten, Mutter der Erinnerungen,
O du, all meine Lust! o du, mein einziges Sinnen!
Die von der Schönheit unsrer Zärtlichkeit durchdrungen,
Vom sanften Zauber, darin Abende verrinnen,
Geliebte der Geliebten, Mutter der Erinnerungen!

Von jenen Abenden, erhellt von Kohlenglut,
Auf dem Balkon, wo rosige Nebelschleier wehen;
Wie war dein Schoß mir süß! Wie war dein Herz mir gut!
Wir sagten Dinge, die nie mehr verlorengehen,
An jenen Abenden, erhellt von Kohlenglut.

Wie schön die Sonnen sind, die in den Abend tauchen!
Wie mächtig ist das Herz! wie tief der Raum sich zeigt!
Der Duft von deinem Blute schien mich zu umhauchen,
Als ich zu dir, du Königin, mich hingeneigt.
Wie schön die Sonnen sind, die in den Abend tauchen!

Die Nacht umschloß uns undurchdringlich wie ein Schrein,
Mein Blick im Dunkel tastend deine Augen fand,
Ich sog, o Gift! o Süße! deinen Atem ein,
Und deine Füße ruhten in meiner Bruderhand.
Die Nacht umschloß uns undurchdringlich wie ein Schrein.

Die seligen Minuten kann ich heraufbeschwören,
Vergangenes durchleben, an deine Knie gelehnt.
Wie sollt ich deine Schönheit anderswo begehren
Als in dem lieben Leib, dem Herzen, das sich sehnt?
Die seligen Minuten kann ich heraufbeschwören!

Die Schwüre, Düfte, Küsse, die nie zu Ende gehn,
Werden sie auferstehn aus uns verwehrten Tiefen,
Wie Sonnen wieder jung und rein am Himmel stehn,
Nachdem sie auf dem dunklen Meeresgrunde schliefen?
– O Schwüre! Düfte! Küsse! die nie zu Ende gehn!

Der Besessene

Wie sich im Flor verbirgt der Sonne Schein,
Mond meines Lebens! lege Schatten um;
Schlaf, sei umwölkt, sei düster oder stumm,
Tauch in den Abgrund deiner Schwermut ein;

Ich lieb dich so! Doch willst du aus dem Dunkeln,
Gleich einem Stern aus Finsternis, erstehn,
Um dort, wo Wahnsinn haust, dich zu ergehn,
Auch gut! Dann zeig mir, hübscher Dolch, dein Funkeln!

Entzünd an Lüstern Blicke, die verzehren!
Entzünd im Aug der Tölpel das Begehren!
Zartheit und Ungestüm von dir ist Lust!

Komm schwarz wie Nacht, wie Morgenrot heran;
In mir schreit jede Faser meiner Brust:
Geliebter Beelzebub, ich bet dich an!

XXXVIII

Eine Erscheinung

I

Dunkelheit

In Grüften von grundlosem Traurigsein,
Wohin das Schicksal mich schon jetzt verschlagen,
Wohin sich niemals frohe Strahlen wagen,
Mit der unwirschen Wirtin Nacht allein,

Gleich ich dem Maler, dem ein Gott zum Scherz,
Auf Finsternis zu malen aufgetragen!

Als Koch, den grausige Gelüste plagen,
Sied und verzehre ich mein eigenes Herz;

Dort kann ich manchmal einen Geist gewahren,
Anmutig reckt er sich in seinem Glanz.
Am träumend orientalischen Gebaren

– Erreicht er seine volle Größe ganz –
Erkenne ich das liebliche Gesicht:
Sie ist es! schwarz und dennoch strahlend licht.

II

Der Duft

Leser, hast du bisweilen schon verspürt,
Rauschhaft und dem Genusse hingegeben,
Die Weihrauchdüfte, die in Kirchen schweben,
Den Moschus, der in Beutel eingeschnürt?

Tief zauberhafter Reiz, darin verzückt
Vergangenes, das sich gegenwärtig zeigt!
So wie der Liebende, zum teuren Leib geneigt,
Erlesene Blüten der Erinnerung pflückt.

Ihr so geschmeidiges und schweres Haar,
Das wie ein Duftgefäß den Raum belebte,
Ein wilder, raubtierhafter Hauch umschwebte;

Der Musselin und Samt der Kleider war
So von dem Duft der reinen Jugend voll,
Daß ein Geruch von Pelzwerk ihm entquoll.

III

Der Rahmen

Allein der Rahmen, den ein Bild erhält,
Auch wenn es ein berühmter Pinsel malt,
Macht, daß es seltsam zauberhaft erstrahlt,
Aus endloser Natur herausgestellt.

So fügten Möbel, Gold und Edelstein
Sich ihrer auserlesenen Schönheit ganz;
Nichts überstrahlte den vollkommenen Glanz,
Und alles wollte ihr ein Rahmen sein.

Es schien bisweilen, daß sie glauben müsse,
Es sei ihr alles gut, und in die Küsse
Des Leinens und der Seide tauchte sie

Wollüstig ihren nackten Leib hinein,
In die Bewegungen floß Harmonie,
Kindliche Anmut junger Affen, ein.

IV

Das Bildnis

Krankheit und Tod dereinst zu Asche kehren
All dieses Feuer, das für uns geschürt.
Von dieser Augen zärtlichem Begehren,
Dem Mund, in dem mein Herz sich ganz verliert,

Den Küssen, die wie Balsam voller Kraft,
Von der Verzückung rascher als ein Strahl,
Was bleibt? O Seele, es ist grauenhaft!
Nur eine Zeichnung, schwach getönt und fahl,

Die so wie ich hinsiecht in Einsamkeit,
Worüberhin die alte, böse Zeit
Mit ihrem rauhen Flügel täglich streicht ...

Sie mordet finster Kunst und Leben hin,
Doch tilgt sie niemals die aus meinem Sinn,
Die mir zur Freude und zum Ruhm gereicht!

XXXIX

Dein sind die Verse, falls mein Name je
Zu fernen Zeiten hingelangen mag
Und Menschenhirne träumen macht nach Tag,
Ein Schiff in gutem Wind auf hoher See,

Dein Nachruhm, wie die ungewissen Sagen,
Dem Leser eindringlich wie Zimbeln klingt,
Mit einer brüderlichen Kette schlingt
Er sich um meine Reime, die ihn tragen;

Verfluchtes Wesen, dem von tiefsten Gründen
Zu höchsten Himmeln außer mir nichts gleicht!
– Du, die wie Schatten, heiteren Blicks und leicht,

Über die Sterblichen, die herb dich finden,
Wegschreitest – Bild mit Augen aus Gagat,
Engel, der eine erzene Stirne hat!

XL

Semper eadem

Du fragst: »Woher die sonderbare Traurigkeit,
Ansteigend wie das Meer, das nackten Felsen deckt?«
– Hat unser Herz erst einmal seine Erntezeit,
Ist Leben Elend. Alle wissen das versteckt,

Ein Schmerz, sehr einfach, nicht geheimnisvoll verborgen,
Wie deine Fröhlichkeit, für alle offenbar.
Du neugierige Schöne, ach, so laß das Sorgen!
Und schweige still, wenn sanft auch deine Stimme war!

Schweig, ahnungslose Seele! dem Schwärmen hingegeben!
Mund mit dem Kinderlachen! Mehr noch als das Leben
Hält oft mit zarten Banden uns das Todesgrauen.

Laß doch mein Herz berauschend eine *Lüge* trinken,
In deinen schönen Augen wie im Traum versinken
Und schlummern, lang, im Schatten deiner Brauen!

XLI

Ganz und gar

Heut morgen, in der Kammer oben,
Hat mich der Dämon überfallen,
Er sprach – er wollte mich erproben –:
»Nenn mir das lieblichste von allen

Den schönen Dingen, die ihr eigen,
Die reizend sind und dich entzücken,
Die sich dir schwarz und rosig zeigen
Und zauberhaft den Körper schmücken,

Ich wüßt es gern.« – O meine Seele!
Entgegen hieltest du dem Scheusal:
»Wie wär es möglich, daß ich wähle,
Ist mir von ihr doch alles Labsal.

Da alles mich bezaubert, weiß ich nicht,
Was so verführerisch sie macht.
Sie blendet wie der Morgenröte Licht,
Schenkt Trost und Linderung wie Nacht;

Und so erlesen ist die Harmonie,
Die ihren schönen Leib regiert,
Daß ihre zahllosen Akkorde nie
In Klängen einzeln aufgespürt.

Metamorphose! da aus meinen Sinnen
Geheimnisvoll ein einziger entsteht!
Aus ihrem Atem Töne rinnen,
Wie ihre Stimme Duft verweht!«

XLII

Einsame arme Seele, was sagst du heute nacht,
Einst schon verwelktes Herz, mein Herz, was magst du
        fragen,
Was der so Schönen, Guten, was der so Lieben sagen,
Die dich mit Götterblick erneut zum Blühn gebracht?

– Ihr Lob zu singen ist all unser Stolz und Glück:
Nichts anderes kommt der Süße ihrer Herrschaft gleich;
Verklärter Leib voll Düften aus der Engel Reich!
Mit einem Lichtgewand bekleidet uns ihr Blick.

Und sei es in der Nacht, sei es in Einsamkeiten,
Und mag ich durch die Straßen, in der Menge schreiten,
Tanzt einer Fackel gleich ihr Bildnis in der Luft.

»Schön bin ich und befehle«, es dann zuweilen ruft,
»Daß mir zuliebe du allein das Schöne achtest
Und als Madonna, Muse, Engel mich betrachtest.«

XLIII

Die lebendige Fackel

Die Augen voller Licht, sie ziehn vor mir dahin,
Die ein sehr weiser Engel wohl magnetisch macht;
Die Götterbrüder, die auch meine sind, sie ziehn
Und sprühn in meine Augen ihrer Feuer Pracht.

Da sie aus jeder Sünde und Falle mich befrein,
Sie meine Schritte hin zum Pfad des Schönen lenken;
Wie sie mir Diener sind, will ich ihr Sklave sein
Und der lebendigen Fackel mich gehorsam schenken.

Ihr holden Augen strahlt geheimen Schimmer aus
Wie jene Kerzen, die am hellen Tag entzündet;
Die Sonne rötet sie, doch löscht den Schein nicht aus;

Sie rühmen uns den Tod – Erwachen ihr verkündet;
Erwachen meiner Seele wandernd ihr bezeugt,
Gestirne, deren Flamme keine Sonne beugt!

XLIV

Stellvertretung

Du heiterer Engel, kennst du wohl die Angst,
Die Scham, Gewissensbisse, Schluchzen, Sehnen,
Und Nächte, die sich grauenvoll hindehnen,
Wo du im Herzen wie zerknittert bangst?
Du heiterer Engel, kennst du wohl die Angst?

Du guter Engel, kennst du wohl das Hassen,
Die Galletränen, Fäuste, die geballt,
Wenn laut der Rache Höllentrommel schallt,

Um herrisch unsere Kräfte zu erfassen?
Du guter Engel, kennst du wohl das Hassen?

Du heiler Engel, kennst du Fieberschauer,
Die murmelnd suchen nach den Sonnenstrahlen,
Und wie Verbannte vor den Hospitalen
Sich müde schleppen längs der großen Mauer?
Du heiler Engel, kennst du Fieberschauer?

Du schöner Engel, kennst du faltige Haut,
Die Furcht zu altern, gräßliche Gedanken,
Wenn aus den Augen, draus wir gierig tranken,
Abscheu vor unserer Verehrung schaut?
Du schöner Engel, kennst du faltige Haut?

Du seliger Engel, den das Licht umfließt,
David hätt sterbend Heilung sich erfleht
Beim Zauber, der von deinem Leib ausgeht;
Ich bitte, daß du ins Gebet mich schließt,
Du seliger Engel, den das Licht umfließt!

XLV

Beichte

Einmal nur, sanfte Liebenswerte, hast
    Du deinen Arm auf meinen Arm gelegt,
(Und die Erinnerung hab ich unverblaßt
    Auf meiner Seele Grund gehegt);

Spät war's, der volle Mond erstrahlte groß
    Und neu wie ein Dukat,
Der feierliche Strom der Nacht ergoß
    Sich auf den Schlaf der Stadt.

Es huschten längs der Häuser, in den Toren
    Die Katzen auf die Seite,
Und manche gaben mit gespitzten Ohren
    Uns schattenhaft Geleite.

Plötzlich, inmitten der Vertraulichkeiten,
    In fahlem Licht entstanden,
Entschlüpfte dir, dem Wohlklang deiner Saiten
    – Die helle Töne fanden,

So froh und wie Fanfarenklänge klar,
    Die in den Morgen schweben –
Ein Klagelaut, ein Laut so sonderbar
    Schwankend und voller Beben,

Gleich einem Kind, das garstig zum Erschrecken,
    Die Eltern schamrot macht,
Und das im Keller, wo sie es verstecken,
    Schon lange Zeit verbracht.

Du Arme, schrill begann der Ton zu klagen:
    »Nichts ist uns hier verbucht,
Und stets, mag sorgsam sie auch Schminke tragen,
    Verrät sich Eigensucht;

Welch hartes Handwerk, schöne Frau zu sein,
    Das Tun voll Überdruß
Der wirren Tänzerin, die nur zum Schein
    Mechanisch lächeln muß;

Auf Herzen sich zu gründen ist vermessen;
    Schönheit und Lieb ermattet,
Bis sie in seiner Kiepe das Vergessen
    Der Ewigkeit zurückerstattet!«

Oft sehnte ich den Zaubermond herbei,
    Die stille Wehmut dieser Nacht,
Dies schaurige Geständnis, das du scheu
    Im Herzensbeichtstuhl mir gemacht.

Geistige Morgenröte

Zieht für den Lüstling Morgenrot herauf,
Zusammen mit dem nagenden Ideal,
Weckt rächend ein Geheimnis voller Qual
In dem betäubten Tier den Engel auf.

Geistige Himmel öffnen sich im Blau
– Dem Menschen, noch in Traum und Leid erschlafft –,
Das saugend wie ein tiefer Abgrund klafft.
Und so, geliebte Göttin, lichte Frau,

Schwebt über Resten törichter Gelage
Dein Bildnis heller noch und zum Entzücken
Tänzelnd daher vor meinen weiten Blicken.

Die Sonne trübt das Kerzenlicht bei Tage;
Dein Geist, der hell erstrahlt und niemals weicht,
Der unsterblichen Sonne sieghaft gleicht!

XLVII

Abendliche Harmonie

Die Blumen schauern, da die Stunden nahn,
Wo Blütenhauch wie Weihrauch sich erhebt;
Ein Duft und Klang die Abendluft durchwebt;
Schwermütiger Walzer, sehnsuchtsvoller Wahn!

Wo Blütenhauch wie Weihrauch sich erhebt!
Die Geige stimmt des Herzens Klage an;
Schwermütiger Walzer, sehnsuchtsvoller Wahn!
Schön wie ein Baldachin der Himmel schwebt.

Die Geige stimmt des Herzens Klage an,
Des sanften Herzens, das im Nichts erbebt!
Schön wie ein Baldachin der Himmel schwebt;
Die Sonn ertrank im Blute, das gerann.

Des sanften Herzens, das im Nichts erbebt!
Vom Gestern leuchten Spuren dann und wann!
Die Sonn ertrank im Blute, das gerann ...
Wie die Monstranz dein Bildnis in mir lebt!

XLVIII

Das Flakon

Es gibt so starken Duft, daß er durch alles dringt;
Für ihn scheint Glas noch durchlässig zu sein.
Manchmal, wenn jäh ein sperriges Schloß aufspringt
An einem aus dem Orient gebrachten Schrein,

An irgendeinem Schrank in menschenleerem Haus,
Wo beißende Gerüche verstaubter Zeiten schweben,
Strömt die Erinnerung aus einem Fläschchen aus,
Das man dort fand, wie auferstandenes Leben.

Es schlummerten verpuppt wohl Tausende Gedanken,
Sanft schauernd in die dumpfe Finsternis getaucht;
Sie lösen ihre Flügel, steigen ohne Schranken,
Goldschimmernd, blau und rosa überhaucht.

Schon tanzt Erinnerung berauschend in der Luft;
Die Augen schließen sich; es faßt der Wahnsinn
Fest die bezwungene Seele, stößt sie zu der Gruft,
Wo menschliche Miasmen trübe schwelen, hin;

Er schmettert sie am Abgrund aller Zeiten nieder;
Wie Lazarus, zerreißend seine Totenbinden,

Regt sich der Leichnam einer alten Liebe wieder,
Bezaubernd, geisterhaft sich aus dem Grab zu winden.

So, wenn ich einst, verloren aus der Menschen Sinn,
Ein nutzloses Flakon, verbraucht und abgelebt,
Im Winkel eines düsteren Schrankes bin,
Zersprungen, staubig, widerlich, verklebt,

Werd ich dein Sarg, geliebter Pesthauch, sein!
Zeuge, wie stark und heftig du noch bist,
Du teures Gift der Engel! herber Wein,
Der meines Herzens Tod und Leben ist!

XLIX

Das Gift

Die schmutzigste Spelunke läßt der Wein
    Uns wunderbar und prächtig sehn,
Läßt eine Säulenhalle märchenhaft entstehn,
    Goldglänzend in dem roten Schein,
Wie Sonnenstrahlen, die im Dunst vergehn.

Das Opium macht Grenzenloses weit
    Und Unbeschränktes riesenhaft,
Vertieft die Zeit, höhlt aus, was Wollust schafft,
    Und füllt mit düsterer Lustbarkeit
Die Seele über ihre Fassenskraft.

Dies alles kann sich nicht dem Gift vergleichen,
    Das deine grünen Augen haben,
Die meiner Seele Bild verzerrt mir wiedergaben ...
    Mein Traum zieht hin zu diesen Teichen,
Um sich an bitteren Tiefen zu erlaben.

Dies alles kann sich nicht am Wunder messen,
   Womit dein Speichel mich bezwingt,
Der ätzend, wirbelnd in die Seele dringt,
   Sie reulos eintaucht in Vergessen,
Bis sie an Todesufern kraftlos niedersinkt!

L

Bedeckter Himmel

Dunstschleier scheinen deinen Blick zu säumen;
Die Augen (diese blauen, grünen, grauen?),
Die sanft sind oder grausam oder träumen,
So blaß und ungerührt wie Himmel schauen.

Du gleichst verhangenen Tagen, lau und fahl,
Wo das verwirrte Herz zerfließt in Tränen,
Wenn, angespannt von unbekannter Qual,
Die Nerven überwach den Geist verhöhnen.

Du ähnelst einem schönen Horizont,
Den Licht entflammt in nebelgrauen Zeiten ...
Wie leuchtest du: ein feuchtes Land, besonnt
Von Strahlen, die aus trübem Himmel gleiten!

Gefährlich Weib! Klimate, die verführen!
Werd ich auch deinen Schnee und Rauhreif preisen,
Im unbarmherzigen Winter Lüste spüren,
Die schärfer sind als Fröste und als Eisen?

Die Katze

I

In meinem Hirn geht hin und her,
Als wäre dies sein eigener Raum,
Ein Katzentier, so zahm und schwer.
Wenn es miaut, man hört es kaum,

So sittsam ist der Ton und weich;
Ob milde oder voller Groll,
Stets sind die Laute tief und reich,
Verlockend und geheimnisvoll.

Die Stimme, die so perlend quillt
Zum Grunde meiner Dunkelheit,
Mit Klang von Versen mich erfüllt,
Wie Liebeszauber mich erfreut.

Verstummen läßt sie schlimmste Klagen,
Kann alle Wonnen reich verschwenden;
Um längste Sätze mir zu sagen,
Muß sie kein einziges Wort verwenden.

Mein Herz, dies Instrument läßt nie
Ein anderer Bogen so erklingen,
Und keiner königlich wie sie
die schwingendste der Saiten singen,

Wie deine Stimme, du geheimnisreiche,
Seraphisch sonderbare Katze du,
Die einem Engel ich vergleiche
In ihrer Harmonie und Ruh!

Aus ihrem braun und blonden Fell entweicht
Ein Duft so süß, daß ich wie trunken war,
Als ich am Abend einmal nur ganz leicht,
Ein einzig Mal nur, hinstrich übers Haar.

Sie ist der gute Geist in meiner Welt;
Sie richtet, herrscht und sie flößt Leben ein
Den Dingen allen, die ihr Reich enthält;
Sie scheint ein Gott, scheint eine Fee zu sein?

Schweift zur geliebten Katze hin mein Blick,
Als würden ihn Magneten dorthin lenken,
Und wendet wieder fügsam sich zurück,
Um sich nach innen zu versenken,

Seh mit Erstaunen ich das fahle
Leuchtfeuer der Pupillen glühn,
Und unverwandt, wie lebende Opale,
Schaun ihre Augen zu mir hin.

LII

Das schöne Schiff

Erzählen will ich dir, sanftmütige Zauberin!
Von allen Reizen, die aus deiner Jugend blühn;
    Will Bilder deiner Schönheit finden,
    Wo Kindlichkeit und Reife sich verbinden.

Rauschst du mit dem gebauschten Rock daher,
Gleichst du den Schiffen, die aufs weite Meer
    Mit allen Segeln hin,
    In sanftem Wogen, träg und langsam ziehn.

Auf vollen Schultern, rundem Hals erhebt
Sich stolz dein Haupt, von fremdem Reiz umwebt;
   Mit kühnem und gelassenem Sinn,
Du hoheitsvolles Kind, so schreitest du dahin.

Erzählen will ich dir, sanftmütige Zauberin!
Von allen Reizen, die aus deiner Jugend blühn;
   Will Bilder deiner Schönheit finden,
Wo Kindlichkeit und Reife sich verbinden.

Die hohen Brüste, die des Kleides Seide straffen,
Sind vorgewölbt und wie ein schöner Schrank geschaffen,
   Wo über die Paneele, hell geschweift,
Wie über Schilde hin, ein Blitzen streift;

Aufreizend sind die Schilde, bewehrt mit rosigen Spitzen!
Geheimnisvolle Schränke, die gute Dinge schützen,
   Voll Wohlgerüchen, Weinen und Getränken,
Die Herz und Hirn den Wahn und Taumel schenken!

Rauschst du mit dem gebauschten Rock daher,
Gleichst du den Schiffen, die aufs weite Meer
   Mit allen Segeln hin,
In sanftem Wogen, träg und langsam ziehn.

Die edlen Beine jagen Rüschen vor sich her,
Sie foltern die Begier und reizen sie so sehr,
   Als wären sie zwei Hexen, die aus Töpfen,
Darin sie Dunkles brauen, Zaubertränke schöpfen.

Du könntest Herkules mit deinen Armen fangen,
Denn sie entwickeln Kraft wie blanke Riesenschlangen,
   Geschaffen, so unlösbar zu umschlingen,
Als solle der Geliebte bis zum Herzen dringen.

Auf vollen Schultern, rundem Hals erhebt
Sich stolz dein Haupt, von fremdem Reiz umwebt;
   Mit kühnem und gelassenem Sinn,
Du hoheitsvolles Kind, so schreitest du dahin.

Einladung zur Reise

Mein Kind, mein Schwesterlein,
    Wie köstlich müßt es sein,
Dorthin zu gehen und vereint!
    Liebend sich verschwenden,
    Lieben und auch enden
Im Land, das dir so ähnlich scheint!
    Feuchte Sonnen, deren Licht
    Durch die trüben Himmel bricht,
Meinem Sinn so reizvoll scheinen,
    So geheimnisreich,
    Deinen Augen gleich,
Die trügerisch glänzen, wenn sie weinen.

Alles dort ist Schönheit und Genuß,
Ordnung, Stille, Überfluß.

    Alte Gegenstände
    Würden blank die Wände
Unseres Gemaches zieren,
    Seltener Blüten Duft
    Wäre in der Luft
Mit Ambrahauch vermischt zu spüren,
    Reicher Decken Rund,
    Spiegel ohne Grund,
Die Pracht des Orients allerorten
    Spräche insgeheim
    Auf die Seele ein
Mit der Muttersprache süßen Worten.

Alles dort ist Schönheit und Genuß
Ordnung, Stille, Überfluß.

    Sieh, wie dort im Hafen
    Jene Schiffe schlafen,

Die aus weiter Ferne kommen;
  Um dir jeden Willen
  Gerne zu erfüllen,
Sind sie übers Meer geschwommen.
  – Abendsonnenschein
  Hüllt die Felder ein,
Die Stadt, durch die sich Grachten ziehen,
  In Hyazinth und Gold;
  Die Welt entschlummert hold
In warmem Leuchten und Verglühen.

Alles dort ist Schönheit und Genuß,
Ordnung, Stille, Überfluß.

LIV

Unwiederbringlichkeit

Wer hat die alte, lange Reue je erstickt,
  Die, wie die Würmer von der Leiche,
Sich von uns nährt, sich windet, an uns schmiegt
  Wie Raupen an die Eiche?
Wer hat die feindselige Reue je erstickt?

Gebräu und Zaubertränke, Weine suche ich,
  Die Feindin zu ertränken, voller List,
Die, Kurtisanen gleich, zerstörend, unersättlich,
  Wie Ameisen geduldig ist!
Gebräu und Zaubertränke, Weine suche ich!

Sag, schöne Hexe, ach! wenn du es weißt, dann sag
  Es diesem Geist, den Angst so überhäuft,
Wie einen, auf dem sterbend ein Verletzter lag
  Und den der Huf des Pferdes streift,
Sag schöne Hexe, ach! wenn du es weißt, dann sag

Dem, der im Todeskampf, den schon der Wolf gewittert
   Und über dem der Rabe wacht,
Es fragt der müde Kämpfer dich erbittert,
   Ob ihm ein Kreuz und Grabmal zugedacht,
Der schon im Todeskampf und den der Wolf gewittert!

Wer hätte je im Schlamm des Himmels Licht gemacht?
   Wer könnte diese Finsternis zerreißen,
Die zäher ist als Pech und ohne Tag und Nacht,
   Wo keine Sterne, keine Blitze gleißen?
Wer hätte je im Schlamm des Himmels Licht gemacht?

Die Hoffnung, welche in den Herbergsfenstern schien,
   Ist ausgeblasen, ewig abgeschieden!
Jetzt gilt es, ohne Mond und Strahl dorthin zu ziehn,
   Wo den Erschöpften Zuflucht ist beschieden!
Der Teufel löschte aus, was in den Fenstern schien!

Kannst du wohl, Zauberin, Verdammten Liebe zeigen?
   Hat je dich Unverzeihliches gequält?
Kennst du die giftigen Pfeile, die der Reue eigen,
   Die unser Herz zur Scheibe sich erwählt?
Kannst du wohl, Zauberin, Verdammten Liebe zeigen?

Unwiederbringlichkeit nagt mit verfluchtem Zahn
   An unserer Seele armem Haus,
Und oftmals greift sie wie Termiten an
   Und höhlt den Bau von unten aus.
Unwiederbringlichkeit nagt mit verfluchtem Zahn!

– Auf schlichten Bühnen hab ich schon gesehn,
   Wenn zündend der Orchesterklang erwacht,
An einem Höllenhimmel Morgenrot entstehn,
   Das wundersam von einer Fee entfacht;
Auf schlichten Bühnen habe ich gesehn,

Ein Wesen, nur aus Schleier, Gold und Licht,
  Den ungeheuren Satan überwinden;
Mein Herz jedoch kennt die Verzückung nicht,
  Auf seiner Bühne ist es nicht zu finden,
Niemals, niemals, dies Wesen ganz aus Licht!

LV

Plauderei

Herbsthimmeln, licht und rosig, will ich dich vergleichen!
Doch Trauer steigt in mir, wie Meeresflut an Klippen,
Und herb bleibt die Erinnerung, wenn die Wasser weichen,
Als bitterer Schlamm zurück auf den verhärmten Lippen.

– Es streichelt deine Hand vergeblich meinen Leib,
Die Stätte, die du suchst, Geliebte, ist bezwungen;
Verwüstet hat mit Zahn und Klaue sie das Weib.
Such nicht mein Herz, von Tieren schon verschlungen.

Mein Herz ist ein Palast, den frech der Pöbel schändet;
Dort schleift man sich am Haar, man mordet und man
                                        trinkt!
– Dein nackter Busen ringsum seinen Duft
                                verschwendet! ...

Schönheit, du harte Geißel, die die Seelen zwingt!
Mit deinen Feueraugen, die wie Feste sprühen,
Sollst du, was Tiere übrig ließen, noch verglühen!

Herbstlied

I

Bald tauchen wir in kalte Dunkelheit;
Licht der zu kurzen Sommer, lebe wohl!
Schon hör ich Holz im Hofe, Scheit für Scheit,
Aufs Pflaster poltern, unheimlich und hohl.

Der Winter zieht jetzt in mich ein: mit Wut,
Mit Schrecken Haß und Arbeit, streng und hart;
Und wie am Pol vereist der Sonne Glut,
Mein Herz zu einem roten Block erstarrt.

Ich horche auf der Klötze Fall mit Schauern;
Dumpf hallt es, wie beim Bau von Blutgerüsten.
Mein Geist gleicht einem Turme, dessen Mauern,
Vom Sturmbock schwer gerammt, bald wanken müßten.

Ich glaube, von dem Hämmern ganz benommen,
Man nagelt einen Sarg, in Eile, irgendwo.
Für wen? – Noch gestern Sommer, schon ist Herbst
                                        gekommen!
Geheimnisvoller Lärm! – Abschiede klingen so.

II

Ich liebe deiner schmalen Augen grünes Licht,
Sanft Schöne, doch ist heute alles mir vergällt;
Die Liebe, das Gemach, das Feuer gilt mir nicht
So viel wie diese Sonne, die das Meer erhellt.

Und dennoch lieb mich, zärtlich Herz! Sei Mutter mir,
Sei es dem Undankbaren selbst, den Schuld beschwert;
Geliebte, Schwester, sei die flüchtige Süße hier
Von Abendsonnen oder Herbst, der sich verklärt.

Für eine Weile nur! Wer kann dem Grab entrinnen?
Ach! laß mich, meine Stirn auf deine Knie gesenkt,
Wehmütig weißer, heißer Sommerglut nachsinnen,
Die milden Strahlen kosten, die das Spätjahr schenkt!

LVII

An eine Madonna

Ex voto in spanischer Manier

Madonna, meine Herrscherin, dir will ich weihn
Am Grunde meines Jammers den Altar aus Stein,
Und eine Nische will ich dir im Herzen bauen,
Die weltliche Begier und Spötter nicht erschauen,
Im dunklen Winkel, blau und golden ausgeschlagen,
Dort wirst du wundersam als Marmorbild aufragen.
Mit meinen Versen, fein geflochten aus Metall
Und kunstvoll rings bestirnt mit Reimen aus Kristall,
Will eine große Krone ich ums Haupt dir winden;
Und meine Eifersucht wird einen Mantel finden,
O sterbliche Madonna, der so starr gemacht
Und so unmenschlich, schwer, gefüttert mit Verdacht,
Daß er als Schilderhaus all deinen Reiz versteckt;
Mit Perlen ist er nicht, mit Tränen nur bedeckt!
Und mein Begehren dient dir als Gewand, das bebt,
Das sich in Wellen senkt und wieder neu erhebt,
Sich auf der Höhe wiegt, im Tal zur Ruhe streckt,
Und das mit seinem Kuß den weißen Leib bedeckt.
Aus meiner Ehrfurcht will ich Atlasschuhe weben,
Die deine edlen Füße demutsvoll umgeben
Und sie mit ihrem Druck so fest und weich umfassen,
Daß, wie in einer Form, sie ihren Abdruck lassen.
Und bin ich gleich geschickt, so bin ich doch verlegen,
Wie ich den Silbermond dir kann zu Füßen legen.

So sollst du nicht die Schlange, die mich beißt, verschmähen,
Die ungeheuerlich der Haß und Geifer blähen.
Dein Absatz soll sie höhnisch treten und sie quälen,
Sieghafte Königin so viel erkaufter Seelen.
Meine Gedanken sind wie Kerzen anzuschauen,
Gereiht vor dem Altar der Königin der Frauen,
Das blaugemalte Rund besternt ihr Widerschein,
Und schließt dich ganz mit seinen Feuerblicken ein;
Und da in mir dich alles liebt und dich verehrt,
Sich alles in Benzoe, Weihrauch, Myrrhe kehrt,
Die stets zu dir, du schneebedeckter Gipfel, ziehn,
Wallt stürmisch auch mein Geist zu deinen Höhen hin.

Damit vollendet die Marienrolle sei
Und Liebe sich vermische mit der Barbarei,
Schmied ich, als Henker, der bereut, in schwarzer Gier
Aus sieben schweren Sünden sieben Dolche mir,
Mit ihnen will ich, wie ein Gaukler ohne Fühlen,
Nach deiner tiefsten Liebe, als der Scheibe, zielen,
Ich stoße alle dir ins Herz, das überquillt,
Ins Herz, das zuckt und das von deinen Tränen schwillt!

LVIII

Lied am Nachmittag

Siehst du seltsam ungerührt
Drein, mit deinen grimmen Brauen,
Gar nicht so, wie Engel schauen,
Hexe, deren Blick verführt,

Bet ich dich doch an, Frivole,
Leidenschaft, die mich verzehrt!
Voller Andacht – so verehrt
Nur der Priester die Idole.

Hauch von Wald und Wüstenein
Aus den krausen Flechten steigt,
Rätselhaft das Haupt geneigt,
Schließt du ein Geheimnis ein.

Rings um deinen Körper zieht
Wie um Weihrauchfässer Duft;
Du verwirrst wie Abendluft,
Dunkle Nymphe, die erglüht.

Ach! von stärksten Zaubertränken
Gleicht doch keiner deiner Trägheit,
Keiner deiner Zärtlichkeit,
Die den Toten Leben schenken!

Nach den Brüsten und dem Rücken
Sich verliebt die Hüften sehnen,
Und dein schmachtendes Sich-Dehnen
Bringt die Kissen zum Entzücken.

Manchesmal, um sie zu enden,
Die geheimnisvolle Wut,
Mußt du, ernst und voller Glut,
Kuß und Biß an mich verschwenden;

Spöttisch lachen dich zu sehn,
Meine Braune, macht mir Schmerzen,
Läßt dann über meinem Herzen
Mondessanft den Blick aufgehn.

Unter deinen Atlasschuhn,
Unter deinem Fuß aus Seide,
Möge meine große Freude,
Mein Genie und Schicksal ruhn,

Meine Seele – Heilung fand
Sie durch dich, du Farb und Licht!
Wärme du, die jäh einbricht
In mein kaltes, schwarzes Land!

LIX

Sisina

Diana denkt euch, die durch Wälder schweift,
Durchs Dickicht hin, in höfischem Gewand,
Lärmtrunken, Brust und Haar vom Wind gestreift,
Hochmütig hält sie jedem Reiter stand!

Saht Theroigne ihr, die das Gemetzel liebt,
Wie sie ein unbeschuhtes Volk zum Angriff zwingt,
Sich, Aug und Wang entflammt, in ihre Rolle gibt,
Schloßtreppen stürmend ihren Säbel schwingt?

So ist Sisina! Doch die süße Kriegerin
Hat mörderischen wie auch milden Sinn;
Ihr Mut, den Pulverdampf und Trommeln nähren,

Gern vor dem Flehenden die Waffen senkt;
Ihr Herz, daran die Flammen lodernd zehren,
Dem Würdigen stets reichlich Tränen schenkt.

LX

Lob auf meine Franziska

Singe dir auf neuen Saiten,
Reh, das spielt zu allen Zeiten
In des Herzens Einsamkeiten.

Will mit Kränzen dich umwinden,
Reizend Weib, durch das die Sünden
Alle noch Vergebung finden!

Wie an Lethes guten Gaben
Will ich mich an Küssen laben,
Die magnetisch Feuchte haben.

Als der Laster Sturm entfacht,
Sich der Weg verlor in Nacht,
Göttin, bist du mir erwacht,

Wie ein Stern mit hellem Schein,
Der dem Schiff kann Rettung sein ...
Dir will ich mein Herze weihn!

See, der Heil auf mich ergießt,
Quell, draus ewig Jugend fließt
Und den stummen Mund erschließt!

Du verbrennest, was nicht rein,
Machst, was rauh ist, glatt und fein,
Flößt der Schwäche Stärkung ein.

Gasthaus, wenn mich Hunger quält,
Leuchte, die die Nacht erhellt,
Und den rechten Pfad erwählt.

Kraft sei mit der Kraft verwebt,
Süßes Bad, das mich belebt,
Wo der Duft der Salben schwebt!

Rings um meine Lenden gleiße,
Keuschheitsgürtel, den ich preise,
Engelstau ist deine Speise;

Kelch, der strahlt von Edelstein,
Würzig Brot und Nahrung mein,
Oh Franziska, Götterwein!

An eine kreolische Dame

Im Land, das Sonne kost und starker Duft durchdringt,
Unter dem Baldachin aus purpurfarbenen Bäumen
Und Palmen, daraus Trägheit auf die Augen sinkt,
Da traf ich die Kreolin, lieblich wie aus Träumen.

Ihr Teint ist blaß und warm; die braune Zauberin
Das Haupt auf zierliche und edle Weise trägt;
Im Schreiten groß und schlank wie eine Jägerin,
Ist still ihr Lächeln und ihr Auge unbewegt.

Und zöget Ihr, Madame, ins Land der Herrlichkeiten,
Wo sich der grünen Loire und Seine Ufer breiten,
Schöne, mit der sich würdig alte Schlösser schmückten,

So würdet Ihr, im Schutz von schattigen Verstecken,
Sonette in den Herzen der Poeten wecken,
Die noch ergebener als Schwarze auf Euch blickten.

LXII

Moesta et errabunda

Agathe, sage mir, dein Herz, entflieht es nicht
Manchmal dem Ozean der schmutzigen Städte weit
Zu einem Ozean, daraus ein Leuchten bricht,
So blau und klar und tief wie die Jungfräulichkeit?
Agathe, sage mir, dein Herz, entflieht es nicht?

Das Meer, das weite Meer, das unserer Mühsal Trost!
Welch Dämon hat dem Meer, der heiseren Sängerin,
Die Wind begleitet, der wie Orgeln tost,

Die Gabe, sanft zu wiegen, noch verliehn!
Das Meer, das weite Meer, das unserer Mühsal Trost!

Trag, Wagen, mich davon! entführe mich, Fregatte!
Hinweg! hinweg! mit Tränen ist der Schlamm getränkt!
– Sagt manchmal dies dein trauernd Herz, Agathe:
Weit von Verbrechen, Schmerz und Reue, die uns kränkt,
Trag, Wagen, mich davon, entführe mich Fregatte?

Duftschwangeres Paradies, wie fern bist du geblieben,
Wo uns der lichte Himmel Lieb und Freude schenkt,
Wo sich der Liebe würdig zeigt das, was wir lieben!
Und wo das Herz in reiner Wollust sich ertränkt!
Duftschwangeres Paradies, wie fern bist du geblieben!

Das Paradies der Liebe, wo wir kindlich leben,
Die Lieder, Blumensträuße, Küsse und Sich-Necken,
Die Geigentöne, welche rings um Hügel schweben,
Bei Krügen voller Wein, am Abend zwischen Hecken,
– Das Paradies der Liebe, wo wir kindlich leben,

Das Unschuldsparadies aus flüchtigem Genuß,
Ist es wie Indien fern, ist es wie China weit?
Ob man mit Silberstimme es beleben muß,
Es lockt, wenn man mit Klagelauten nach ihm schreit,
Das Unschuldsparadies aus flüchtigem Genuß?

LXIII

Das Gespenst

Wie Engel mit dem Flammenblick
Kehr ich in dein Gemach zurück
Und werde lautlos zu dir gleiten
Mit Schatten, die sich nachts verbreiten;

Und gebe dir, mein braunes Kind,
Küsse, die kalt wie Mondlicht sind,
Und Zärtlichkeiten will ich finden
Von Schlangen, die ein Grab umwinden.

Wenn fahles Licht den Tag verheißt,
Dann siehst du meinen Platz verwaist,
Und bis zum Abend ist er kühl.

Laß andre Schmeichelein ersinnen,
In deinem Leben und Gefühl
Will ich durch Grauen Macht gewinnen.

LXIV

Herbstsonett

Deine kristallen klaren Augen sagen mir:
»Was kann, seltsamer Liebster, für dich mein Vorzug sein?«
– Sei liebenswürdig, schweig! denn alles macht mir Pein,
Nur nicht in seiner Unschuld das ewig alte Tier;

Sein höllisches Geheimnis verbirgt vor dir mein Herz
– Die mich in langen Schlummer wiegt mit ihrer Hand –
Und seine schwarzen Zeichen, von Flammen eingebrannt.
Ich haß die Leidenschaft, und Geist erregt mir Schmerz!

Wir wollen sanft uns lieben. Lauernd in ihrer Hütte
Hat Liebe finster schon den Bogen angespannt.
Ihr Arsenal und Rüstzeug ist mir wohlbekannt:

Verbrechen, Grauen, Wahnsinn! – O bleiche Margerite!
Herbstlichen Sonnen bist du, wie auch ich, verwandt,
Meine so weiße, o so kühle Marguerite!

Lunas Schwermut

Luna träumt heute nacht in trägen Posen,
Der Schönen gleich, von Kissen reich umringt,
Und deren Finger ihre Brust liebkosen,
Zerstreut und leicht, eh sie in Schlaf versinkt.

Hoch oben auf Lawinen weicher Seiden
Gibt sie ersterbend sich der Ohnmacht hin,
Gesichte weiß an ihr vorübergleiten,
Die sich im Blau entfalten und erblühn.

Zuweilen, wenn sie müßig schmachtend sinnt,
Heimlich zur Erde eine Träne rinnt.
Ein frommer Dichter, der nicht schläft und ruht,

Fängt in der hohlen Hand die bleiche Zähre,
Schillernd, als ob ein Stück Opal sie wäre,
Birgt sie im Herzen vor der Sonne Glut.

LXVI

Die Katzen

Die innig Liebenden und strengen Weisen,
Sie schätzen beide in den reifen Jahren
Der sanften Katzen würdiges Gebaren,
Die auch so frösteln und nicht gerne reisen.

Die so zur Weisheit und zur Wollust neigen,
Trachten, die Nacht und Stille auszuloten;
Erebos nähme sie als düstere Boten,
Doch läßt ihr Stolz sich nicht zum Dienen beugen.

In edler Haltung sinnen sie in Weiten,
Wie eine Sphinx am Grund der Einsamkeiten
In Schlummer sinkt und Träume, die nie enden;

Es sprühen magisch fruchtbar ihre Lenden,
Und Goldgesprenkel, das wie Sand so fein,
Besternt der Blicke rätselhaften Schein.

LXVII

Die Eulen

Unter dem schwarzen Eibendach
Sitzen die Eulen aufgereiht,
Wie Götter einer fernen Zeit,
Ihr Auge glüht. Sie denken nach.

Sie halten sich ganz unbewegt,
Bis schwermutsvoll die Stund anbricht,
Wo Dunkelheit das schräge Licht
Der Sonne jählings niederschlägt.

Es lehrt den Weisen ihr Gebaren,
Man soll sich in der Welt bewahren
Vor Unrast und vor Heftigkeit.

Wen flüchtige Schatten trunken machten,
Der ist bestraft für alle Zeit:
Er sollte nicht nach Wechsel trachten.

Die Pfeife

Ja, eines Schreibers Pfeife bin ich;
Man sieht es schon an meinem Leib,
Der dunkel wie ein Kaffernweib,
Mein Herr raucht wahrhaft meisterlich.

Hat ihn der Kummer unterjocht,
Dann qualm ich wie der Hütte Schlot,
Wo auf dem Herd das Abendbrot
Für einen müden Bauern kocht.

Sein Herz umstricke ich und schaukle
Es in den Netzen, blau und rund,
Entstiegen meinem Feuerschlund.

Die Seele ich mit Trost umgaukle,
Daß wie verzaubert und belebt
Sein matter Geist sich frisch erhebt.

LXIX

Die Musik

Oft nimmt Musik mich wie ein Meer gefangen!
　　Auf meinen Stern gerichtet,
Ob klar der Äther oder dunstverhangen,
　　Mein Schiff die Anker lichtet;

Es weitet sich die Brust, die Lungen schwellen,
　　Wie Segel angefüllt,
Und ich erstürme aufgetürmte Wellen,
　　Die mir die Nacht verhüllt;

Fühl alle Leidenschaften in mir zittern
    Des Schiffes, das in Not;
Der gute Wind und Stürme, die gewittern,

    Wo bodenlos der Abgrund droht,
Wiegen mich ein. Dann wieder Stille spiegelt weit
    All meine Hoffnungslosigkeit!

LXX

Begräbnis

Wenn einst, in einer Nacht voll dumpfer Schauer,
Ein Christ, von der Barmherzigkeit geleitet,
An einer alten halbzerfallenen Mauer
Deinem gerühmten Leib ein Grab bereitet,

Zur Stunde, da die Sterne keusch entschweben
Und müde ihre Augenlider senken,
Wird dort die Spinne ihre Netze weben,
Und eine Viper Jungen Leben schenken;

Da lauschst du dann jahraus, jahrein,
Wie über deinem Haupt, das büßt,
Die Wölfe lange klagend schrein

Und Hexen, die der Hunger frißt;
Wirst geile Greise schäkern hören
Und schwarze Gauner sich verschwören.

LXXI

Ein phantastischer Stich

Der sonderbare Spuk nur einen Stirnreif trägt,
Der, schauerlich und wie von Fastnacht abgelegt,
Grotesk auf seine Knochenstirn gesetzt.
Sein Pferd er ohne Sporn und Peitsche hetzt,
Wie er apokalyptisch, eine Geistermähre,
Die aus den Nüstern geifert, als ob sie epileptisch wäre.
So sprengen beide quer durch Raum und Weiten,
Mit kühnem Huf durchstreifen sie Unendlichkeiten.
Des Reiters Säbel lodert über jenen Massen,
Die heillos sich von seinem Roß zermalmen lassen.
Und wie ein Prinz sein Haus besichtigt, unverweilt,
Er über endlos kalte Totenäcker eilt;
Dort ruhen in dem weißen, matten Sonnenlichte
Völker der alten und der neuen Weltgeschichte.

LXXII

Der lustige Tote

Ich will in fetter Erde voller Schnecken
Mir selber eine tiefe Grube wühlen;
Dort kann ich meine alten Knochen strecken,
Mich, wie ein Hai im Meer, vergessen fühlen.

Gräber und Testamente hasse ich;
Statt von der Welt mir Tränen zu erheischen,
Ruf ich die Raben lieber, schauerlich
Mich bei lebendigem Leibe zu zerfleischen.

O Würmer! Freunde, ohr- und augenlos,
Ein Toter kommt zu euch, frei und famos;
Ihr Lebenskünstler, der Verwesung Boten,

Mögt reulos euch durch meine Reste winden;
Und sagt mir, kann man auch noch Qualen finden
Für den entseelten Leib, tot unter Toten!

LXXIII

Das Faß des Hasses

Der Haß, der ist das Faß der bleichen Danaiden;
Mag auch der Arm der Rache bis zum Überfließen
Das Blut und Tränen derer, die schon abgeschieden,
Aus großen Eimern in das leere Dunkel gießen,

So bohrt der Dämon heimlich Löcher in die Schlünde,
Draus könnten tausend Jahre Müh und Schweiß verrinnen,
Selbst dann, wenn jedes Opfer wieder auferstünde,
Um auch den letzten Tropfen Blut noch zu gewinnen.

Ein Säufer ist der Haß im Winkel der Taverne
Und fühlt, wie jeder Trank nur neuen Durst ihm braut,
Der wächst und sich vermehrt, der Hydra gleich von Lerne.

– Glücklichen Zechern ist ihr Sieger wohlvertraut;
Dem Haß alleine ist dies schlimme Los beschieden,
Daß unterm Tisch er nie entschlummern kann in Frieden.

LXXIV

Die zersprungene Glocke

Wie bitter und süß ist's, im Winter bei Nacht,
Am Feuer, das lodert und züngelt, zu hören,
Wie ferne Erinnerung langsam erwacht,
Die Glockengeläute im Nebel beschwören.

Wie glücklich die Glocke, die kraftvoll erdröhnt,
Und die auch im Alter noch wohlgemut geht,
Ihr gläubiges Rufen so treulich ertönt,
Als wär sie ein Krieger, der Schildwache steht!

Doch hat meine Seele, die gramvoll zersprungen,
Ihr Lied in die Kälte der Nächte gesungen,
Dann scheint mir, die schwächlichen Töne, sie gleichen

Dem Röcheln des Todwunden, den man bei Leichen
An riesigen Lachen von Blut niederlegt,
Der mühselig stirbt, vergessen, unbewegt.

LXXV

Spleen

Der Regenmond, erbost auf die gesamte Stadt,
Gießt aus dem Faß den Schwall von kalter Dunkelheit
Auf jener bleichen Nachbarn letzte Ruhestatt,
Und durch den Vorstadtnebel sickert Sterblichkeit.

Mein magrer Kater sucht auf Fliesen seine Streu;
Von Unrast und von Räude ist sein Leib geplagt;
Es schweift die Seele eines alten Dichters scheu
Umher in einer Traufe, die gespenstisch klagt.

Wehmütig tönt die Glocke, Scheite schwelen nur
Und zischen im Falsett zum heiseren Klang der Uhr,
Indes im Kartenspiel, von schalem Duft gegerbt,

Das eine sieche Alte unheilvoll vererbt,
Pikdame und Herzbube, der Schöne, zum Erschaudern
So gruselig von ihrer toten Liebe plaudern.

Spleen

Ich habe mehr Erinnerung als zählt ich tausend Jahre.

Ein Möbelstück mit Schüben voller Formulare,
Mit Versen, Liebesbriefen, Akten und Romanzen,
Haarlocken, eingewickelt in Bilanzen,
Birgt weniger Geheimnis, als mein Hirn betrauert,
Das eine Pyramide ist, aus Grüften aufgemauert,
Und noch mehr Tote als ein Massengrab bedeckt.
– Ich bin ein Friedhof, der den Mond abschreckt,
Wo wie Gewissensbisse sich die Würmer winden,
Die gierig meine liebsten Toten finden.
Ich bin, voll welker Rosen, ein Boudoir;
Verstreut liegt dort der Plunder vom vergangenen Jahr,
Nur klagende und blasse Bilder im Salon
Atmen den Duft aus einem offenen Flakon.

Nichts gleicht an Länge jenen lahmen Tagen,
Die unter einer schweren Schneelast lagen,
Wo dumpfe Trübsal Langeweile spinnt,
Die Ausmaß von Unsterblichkeit gewinnt.
– Von nun an bist du nichts mehr, irdisch Leben!
Als ein Granit, von vagem Graun umgeben,
Entschlummert in der düsteren Sahara Schoß;
Uralte Sphinx, die von der Welt achtlos
Vergessen ward und nur beim letzten Sonnenlicht
Voll wilder Laune in Gesang ausbricht.

LXXVII

Spleen

Ich bin dem König eines Regenlandes gleich,
Der jung und doch uralt, der machtlos, wenn auch reich,
Der Buckelei der Lehrer nur Verachtung schenkt
Und den kein Hund, kein anderes Tier ablenkt.
Nichts, weder Wild noch Falke kann sein Gemüt erbauen
Noch, vom Balkon aus auf sein sterbend Volk zu schauen.
Des Lieblingsnarren schauerlich Gedicht
Zerstreut den Sinn des grausam Kranken nicht;
Ins Bett, das Lilien zieren, wie ins Grab er sinkt;
Die Damen – jeder Fürst sie herrlich dünkt –
Ersinnen nicht so schamlos ihre Toilette,
Daß dieser junge Tote für sie ein Lächeln hätte.
Der Weise schuf ihm Gold, doch wollt ihm nie gelingen,
Auch die Verkehrtheit seines Wesens zu bezwingen;
Und jenes Bad in Blut, von Römern überbracht,
Woran die Mächtigen im Alter gern gedacht,
Konnt in den stumpfen Leichnam keine Wärme gießen,
Darin statt Blut der Lethe Wasser fließen.

LXXVIII

Spleen

Wenn der tiefe Himmel wie ein Deckel lastet
Auf dem Geist, den stöhnend Überdruß bezwingt,
Und vom Horizont, der rings an Grenzen tastet,
Trauriger als Nacht ein Tag herniedersinkt;

Wenn die Erde mich ein feuchter Kerker deucht,
Wo die Hoffnung, wie die Fledermaus erschreckt,

Flatternd an den Mauern hinstreicht und verscheucht
Mit dem Kopf an morsche Deckenbalken schlägt;

Wenn der Regen endlos lang in Streifen fällt,
Die wie Gitterstäbe im Gefängnis sind,
Und ein stummer Haufen Spinnen in der Welt
Meines Hirns erscheint und seine Netze spinnt,

Schwingen plötzlich Glocken sich empor und tosen,
Daß sie greulich heulend bis zum Himmel dringen,
Eigensinnig wimmernd, wie von heimatlosen,
Schweifenden Gespenstern Klagelaute klingen.

– Ein Leichenzug, nicht Trommel noch Musik erschallt,
Bewegt sich langsam durch die Seele; Hoffnung flieht
Und weint; auf tief gesenktem Schädel mit Gewalt
Grausame Angst ihr Banner schwarz aufzieht.

LXXIX

Besessenheit

Ihr großen Wälder, laßt wie Dome mich erschauern;
Ihr orgelt und aus dem verfluchten Herz-Verlies,
Wo altes Röcheln bebt im Raum voll ewigem Trauern,
Antwortet dumpf ein Echo eurem *De profundis*.

Ich haß dich, Ozean! genauso wogt und dröhnt
Es auch in meinem Geist; wie bitteres Lachen schallt
Vom unterworfenen Menschen, welcher schluchzt und
                                                    höhnt,
So ungeheuerlich das Meereslachen hallt.

O Nacht! wie liebte ich dich ohne Sternenschein,
Dies Licht, das zu mir redet mit Vertraulichkeit!
Ich suche nur das Nackte, Leere, Dunkelheit!

Doch weben sich ins Bild der Finsternis hinein,
Aus meinem Aug entsprungen, ungezählte Wesen,
Entschwundene, deren Blicke mir vertraut gewesen.

LXXX

Neigung zum Nichts

Betrübter Geist, du hast dich gern geschlagen;
Die Hoffnung, deren Sporen Feuer wecken,
Besteigt dich nicht mehr! Darfst dich ruhig strecken,
Du altes Roß, wo Hindernisse ragen.

Schlaf wie ein Tier, mein Herz; hör auf zu fragen.

Bezwungener Geist! Nichts konnte dich erschrecken,
Magst keine Liebe, keinen Streit mehr wagen;
Lebt wohl, Trompetenklang und Flötenklagen!
Vergnügen soll mein schmollend Herz nicht necken!

Ich kann den Frühlingsduft nicht mehr entdecken!

Die Zeit verschlingt mich, die Minuten jagen,
Schneeflocken gleich, die starre Körper decken;   —
Weit seh ich rings den Erdball sich erstrecken,
Dem Schutz der Hütte will ich nun entsagen.

Lawine, willst du mich zum Abgrund tragen?

Alchimie des Schmerzes

Liebend verklärt der eine die Natur,
Ein anderer legt Schmerz in sie hinein!
Was für den einen eine Grabstatt nur,
Das kann dem andern Pracht und Leben sein!

Du unbekannter Hermes stehst mir bei,
Der immer du mir furchterregend bist,
Daß ich dem Midas ebenbürtig sei,
Und glücklos auch, wie dieser Alchimist;

Durch dich verwandle ich das Gold in Stahl,
Das Paradies wird mir zur Höllenqual;
Die Wolke, die wie Leichentücher weht,

Enthüllt den teuren Leichnam, der vergeht,
Und in dem weiten Himmelssaal
Mir groß ein Sarkophag entsteht.

LXXXII

Sympathetisches Grauen

Aus dem Himmel, sonderbar und fahl,
Wie dein Schicksal, ohne Rast und Ruh,
Welch Gedanke sich herniederstahl
In die leere Seele? sage, Wüstling, du.

– Unersättlich gierig ist mein Suchen
Nach dem Dunkeln und dem Ungewissen,
Und ich will nicht jammern und nicht fluchen
Wie Ovid, da er aus Rom verwiesen.

Himmel, ausgefranst wie Meeressäume,
Meinen Stolz mir wie im Spiegel zeigen;
Ihrer großen Trauerwolken Reigen

Sind die Leichenzüge meiner Träume,
Und ihr Leuchten, Schein der Unterwelt,
Hölle, worin sich mein Herz gefällt.

LXXXIII

Der Heautontimoroumenos

Schlagen will ich dich ganz ohne Zorn
Wie ein Schlächter, nicht von Haß bewegt,
So wie Moses auf den Felsen schlägt!
Mache deine Lider mir zum Born,

Meine Wüste Sahara zu tränken;
Wenn das Wasser deiner Leiden quillt,
Kann mein Sehnen, das von Hoffnung schwillt,
Wie ein Schiff hinaus ins Weite lenken,

Von der salzigen Tränenflut getragen;
Und von deinen Seufzern ganz berauscht
Ist mein Herz, das auf ihr Echo lauscht
Wie auf Trommeln, die zum Angriff schlagen!

Bin ich nicht der Ton, der mißlich kreischt
In der gottgewollten Symphonie,
Dank der nimmersatten Ironie,
Die mich beutelt und zerfleischt?

Gellt sie nicht in meiner Stimme laut?
Ist mein Blut nicht schwarzem Gifte gleich?
Bin ich nicht der Spiegel finster-bleich,
Worin die Megäre sich beschaut?

Bin die Wunde und des Messers Stahl!
Bin der Schlag und bin die Wange!
Bin die Glieder und die Zange!
Opfer und Henkersknecht zumal!

Bin es selber, der mein Herz aussaugt,
– Einer dieser großen ganz Verlorenen,
Ewigem Gelächter Auserkorenen,
Wovon keiner mehr zum Lächeln taugt!

LXXXIV

Das Unabänderliche

I

Eine Idee, eine Form, ein Sein,
Dem Blau entflohn, zur Tiefe sank
Und fast im Schlamm des Styx ertrank;
Kein Himmelsauge dringt dort ein;

Ein Engel wollte unklug wagen,
Sich Ungestaltem hinzugeben,
Angstvoll muß er durch Träume schweben
Und wie ein Schwimmer um sich schlagen

Und kämpfen unter Todesgrausen
Gegen die riesenhaften Schnellen,
Die wie die Narren mit den Schellen
Und wirbelnd durch das Dunkel sausen;

Ein Unglückseliger, der, gebannt,
Versucht in tastendem Bemühen
Vom Ort, der voll Gewürm, zu fliehen
Und weder Licht noch Schlüssel fand;

Verdammt dazu, hinabzugehen
Am Rand des Abgrunds, dessen Duft
Verrät, wie tief die feuchte Gruft,
Und nie der Stufen Ende sehen,

Wo schleimige Ungeheuer krauchen,
Mit Phosphoraugen, die stets wachen
Und rings das Dunkel schwärzer machen,
Nur ihre Leiber fahl auftauchen;

Ein Schiff, am Pole eingekreist,
In einer Falle aus Kristall,
Sucht nach der Enge, die fatal
In dies Gefängnis es geschleust.

– Die Zeichen klar, das Bild vollkommen,
Das unabänderliche Los
Zeigt uns, daß Satan stets grandios
Vollbringt, was er sich vorgenommen!

II

Zwiesprache, dunkel und doch licht,
Des Herzens, das sich Spiegel war!
Im Wahrheitsbrunnen, schwarz und klar,
Ein blasser Stern sich zitternd bricht,

Leuchtturm, der höhnt mit Höllenschein,
Fackel von Satans Gnadenzeichen,
Glorie, Linderung ohnegleichen,
– Im Bösen sich bewußt zu sein!

Die Uhr

Uhr! ein finstrer Gott voll Gleichmut und voll Schrecken,
Der mit dem Finger droht und sagt: »*Du sollst bedenken!*
In dein entsetztes Herz wird bald der Schmerz sich senken
Und wird dort zitternd wie in einer Scheibe stecken;

Das flüchtige Vergnügen zum Horizont enteilt,
Wie die Sylphide in Kulissen leicht entschwindet;
Und jeder Augenblick dir ein Stück Lust entwindet,
Die für die Lebenszeit dem Menschen zugeteilt.

Dreitausendundsechshundertmal raunt die Sekunde her:
Bedenk! in jeder Stunde. – Rasch sagt der Augenblick
Mit der Insektenstimme: Ich liege weit zurück
Und sog dein Leben mit dem eklen Rüssel leer!

Erinnre dich, Verschwender! *Remember! Esto memor!*
(Meine metallene Kehle ist aller Sprachen mächtig.)
Wie Adern im Gestein sind die Minuten trächtig,
Man schürft das Gold, bevor man sie verläßt, du Tor!

Bedenke, daß die Zeit ein gieriges Spiel beginnt,
Und daß sie ohne Trug gewinnt, unweigerlich!
Der Tag nimmt ab; die Nacht nimmt zu; *erinnre dich!*
Der Abgrund dürstet stets; die Wasseruhr verrinnt.

Bald schlägt die Stunde, wo der Ruf an dich ergeht
Von der erhabenen Tugend, jungfräulich dir vereint,
Und von der Reue selbst (die letzte Zuflucht scheint!),
Vom heiligen Zufall: Feigling, stirb! es ist zu spät!«

LXXXVI

Landschaft

Ich will, um meine Hirtenweisen keusch zu dichten,
Sterndeutern gleich, mein Lager unterm Himmel richten,
Den Glockentürmen nah; ihr feierliches Singen,
Vom Wind getragen, wird in meine Träume dringen.
Von der Mansarde aus, die Hände unterm Kinn,
Seh ich auf summendes, redseliges Treiben hin,
Auf Türme und Kamine, die sich wie Masten recken,
Und Himmel, die den Traum von Ewigkeit erwecken.

Wie wohl tut es, von fern durch Nebel hin zu sehen,
In einem Fenster Licht, im Blau den Stern aufgehen,
Wie sich zum Firmament ein Kohleschwall ergießt,
Und wie das Mondlicht bleich und zaubervoll zerfließt.
So seh ich Frühlings-, Sommer-, Herbsteszeit;
Und wenn es monoton im Winter niederschneit,
Ich alle Läden und Gardinen zugemacht,
Bau ich mir Feenschlösser in die Winternacht.
In meinen Träumen find ich blaue Fernen wieder,
In Gärten weinen Wasser auf Alabaster nieder,
Die Küsse und den Vogelsang vom Abend bis zum Morgen
Und alles, was Idyllen Kindliches sich borgen.
Der Aufruhr läßt umsonst die Fensterscheiben beben,
Ich werde nicht die Stirn von meinem Pult erheben;
Denn ich bin viel zu tief in jene Lust versenkt,
Daß mir allein mein Wille den Frühling wiederschenkt,
Daß mir aus meinem Herzen die Sonne neu aufgeht,
Aus brennenden Gedanken mir laue Luft entsteht.

LXXXVII

Die Sonne

Will durch die Vorstadt mit verfallenen Häusern ziehn,
Wo Wollust sich verbirgt im Schutz der Jalousien,
Wenn Sonne grausam sengend uns mit Hitze schlägt,
Die sich auf Städte, Felder, Dächer, Saaten legt,
Und dort mein wunderliches Fechthandwerk ausführen,
In jedem Winkel glücklich einen Reim aufspüren,
Über die Worte hin wie übers Pflaster holpern,
Zuweilen an schon lang erträumte Verse stolpern.

Die Sonne, die uns nährt und alles Blasse schreckt,
Wie Rosen auf der Flur die Verse auferweckt;
Vor ihr verfliegt zum Himmel alle Sorg und Pein,
Den Waben und Gehirnen flößt sie Honig ein,
Und sie verjüngt die Lahmen, die an Krücken gehn,
Daß sie wie junge Mädchen froh und sanft aussehn,
Im Herzen, das unsterblich stets zu blühn begehrt,
Sie alle Saaten wachsen und gedeihen lehrt!

Steigt sie gleich einem Dichter so zu uns hernieder,
Gibt sie gemeinen Dingen ihre Würde wieder,
Und lautlos wie ein König, der kein Gefolge hat,
Besucht sie Hospitäler und Schlösser dieser Stadt.

LXXXVIII

An ein rothaariges Bettelmädchen

Rote Haare, weißes Kind,
In dem Kleide Löcher sind,
Zeigen deine Ärmlichkeit,
    Deine Schönheit.

Ich Armseliger, der schreibe,
Seh in deinem kranken Leibe,
Sommersprossenüberstreut,
  Seine Lieblichkeit.

Schreitest in Pantinen hin,
Wie die Märchenkönigin
Sich auf dem Kothurn bewegt,
  Den sie trägt.

Würde man die kurzen Fetzen
Durch ein Hofgewand ersetzen,
Das in langen Falten schleifte,
  Deinen Absatz streifte;

Sähen anstatt Loch und Flicken
Lüstlinge, die gierig blicken,
Goldene Zwickel hoch am Bein,
  Glänzend fein;

Würden über lose Schleifen
Sündhaft unsre Augen schweifen,
Und die Brüste zum Entzücken
  Uns anblicken;

Würde deine Hand sich zieren,
Deine Kleider aufzuschnüren,
Und nach kecken Fingern schlagen,
  Die es wagen;

Perlen von dem reinsten Lichte
Und von Herrn Belleau Gedichte
Die Galane in den Ketten
  Dir geboten hätten;

Alle Reimeschmiede hier
Widmeten die Verse dir,

Würden, deinen Schuh zu sehn,
  Unter Treppen stehn;

Hätte mancher Page dann,
Dichter auch und Edelmann
Deine Frische, die versteckt,
  Gern entdeckt!

In den Betten, Vielgeküßte,
– Küsse mehr denn Lilien – müßte
Mehr als ein Valois den Willen
  Dir erfüllen!

– Du indes mußt betteln gehn,
Bei Véfour auf Schwellen stehn,
Mit den Resten, die dort liegen,
  Dich begnügen;

Scheu dein Blick den Schmuck begehrt,
Der nur zwanzig Groschen wert,
Ach verzeih! ich kann nicht wagen,
  Ihn dir anzutragen.

Gehe denn, geschmückt alleine
– Ohne Duft und Edelsteine –
Von der nackten Magerkeit,
  Meine Schöne allezeit!

LXXXIX

Der Schwan

I

Andromache, ich denke dein! Dies Rinnsal,
Ein kläglich trüber Spiegel, darin hoheitsvoll
Einst widerschien der Witwe ungemeine Qual,
Der falsche Simoeis, der von den Tränen schwoll,

Hat fruchtbar mein Gedächtnis jäh erfrischt,
Als ich den neuen Caroussel-Platz überquert.
Verschwunden Alt-Paris (das Bild der Stadt verwischt
Sich schneller, als ein sterblich Herz bekehrt);

Ich seh nur noch im Geist Baracken aufgebaut,
Schäfte und Kapitelle ragen wüst empor,
In Pfützen grüne Blöcke, Gras und Kraut,
Und hinter Scheiben blinkt ein Wirrwarr vor.

Von einem Zoo war einst der Platz belebt;
Ich sah, in einer kühlen Morgenstunde,
Wo unter hellem Himmel dort das Werk anhebt,
Böen von Staub aufwirbelnd in die Runde,

Sah, wie ein Schwan vom Käfig sich befreit,
Auf rauhem Pflaster schürft die Füße wund,
Wie er am Boden schleift sein weißes Federkleid,
Sah ihn, am trocknen Bach mit aufgerissenem Schlund

Die Flügel fahrig in dem Staub bewegen,
Hört' die vom Heimatsee erfüllte Klage:
»Wann wirst du donnern, Blitz, wann fällst du, Regen?«
Seh, wie der Arme, unheilvolle Sage,

Wie bei Ovid der Mensch, sich hoch zum Himmel streckt
– Zum Himmel, der ein grausam blauer Spott –
Und auf verrenktem Hals sein lechzend Haupt aufreckt,
Als kehre er den Vorwurf gegen Gott!

Paris verändert sich! mir bleibt Melancholie!
In alter Vorstadt Blöcke und Gerüste ragen
Und neue Häuser – alles wird Allegorie,
Und schwer wie Fels muß ich Erinnerung tragen.

Noch vor dem Louvre denke ich bedrückt
An meinen großen wirren Schwan, der lächerlich
Wie die Verbannten ist, wie sie entrückt,
Von Sehnsucht ruhelos verzehrt! und dann an dich,

Andromache, die den Gemahl verlor
(Wie Vieh genommen von dem stolzen Pyrrhus)
Und ihn verzückt am leeren Grab beschwor;
Ach, Hektors Witwe! Weib des Helenus!

Denk an die schwindsüchtige Negerin,
Die sich im Schmutz dahinschleppt und sich sehnt
Nach ihrem Afrika und zu den Palmen hin,
Die fern sie hinter Nebelwänden wähnt;

An die, die missen, was nie wiederkehrt,
Nie mehr! die Tränen trinken wie aus einem Born
Und die der Schmerz wie eine gute Wölfin nährt!
An magere Waisen, die wie Blumen rasch verdorrn!

Im Wald, wo Zuflucht meine Seele fand,
Steigt mir mit Hörnerklang Erinnerung hoch:
Vergessene Matrosen auf dem Inselstrand,
Gefangene, Besiegte! ... viele andere noch!

Die sieben Greise

Stadt, darin es wimmelt, Stadt so voll von Träumen,
Wo sich bei Tag Gespenster an Passanten hängen!
Wo überall Geheimnisse wie Säfte schäumen,
Die sich durch die Kanäle des Kolosses zwängen.

Einmal schritt ich am Morgen – als in tristen Gassen
Die Häuser sich im Nebel noch zu strecken schienen,
Den Ufermauern gleich, die kaum den Fluß mehr fassen,
Und, meiner Seele passend als Hintergrund zu dienen,

Von schmutziggelben Schwaden alles übergossen –
Schritt mit gespannten Nerven wie ein Held dahin,
Sprach meiner Seele zu, die mutlos und verdrossen,
Auf jenem Vorstadtweg, wo schwere Karren ziehn.

Da plötzlich stand vor mir ein Greis, gelb eingehüllt
In Lumpen, die sich Farbe vom Regenhimmel liehen,
Es hätte wohl Almosen geregnet bei dem Bild,
Wär in den Augen nicht dies bösartige Glühen.

Mir schien, daß die Pupille ganz in Galle schwamm,
Ein Blick, der wie ein scharfer Frost in alles drang;
Sein langer Bart, der mir wie Judas Bart vorkam,
Starr wie ein Schwert, sich steil nach vorne schwang.

Er war nicht vorgebeugt, er war ganz abgeknickt,
In rechtem Winkel stand das Rückgrat zu dem Bein,
Er schien in dieser Haltung, auf den Stock gebückt
Und unbeholfenen Schrittes, ein Vierfüßler zu sein,

Der lahm ist, oder auch ein Jude auf drei Pfoten.
Beim Gehen sank er tief in Schmutz und Schneematsch ein,
So als zerquetsche er mit seinem Schuh die Toten,
Voll Haß auf alle Welt, nicht teilnahmslos allein.

Es folgt ihm seinesgleichen, der sich genauso trug:
Bart, Rücken, Stock und Lumpen, dem Höllenschlund
                                                entliehn,
Die greisen Zwillingsbrüder, der wunderliche Spuk,
Sie strebten gleichen Schrittes nach fremden Zielen hin.

Wer hatte sich so tückisch gegen mich verschworen,
Welch übler Zufall wollte mich zum Narren halten?
Minute um Minute erschien er neu geboren,
Ich zählte sieben Mal den grauenhaften Alten!

Bedenke, wer da lacht, weil ich verängstigt war,
Wer nicht ergriffen wird von brüderlichem Beben,
Daß diese Ungeheuer, so gebrechlich zwar,
Doch aussahn, als besäßen sie das ewige Leben!

Wär's nicht mein Tod gewesen, unbeugsam und voll Hohn
Den achten Doppelgänger unselig zu erblicken,
Den abgeschmackten Phönix, sich Vater selbst und Sohn?
– Jedoch ich kehrte lieber dem Höllenzug den Rücken.

Verstört wie ein Betrunkener, der Doppelbilder hat,
Ging ich nach Haus zurück und schloß die Tür entsetzt,
Durchkältet, fieberschauernd, den Geist verwirrt und matt,
Von dem Mysterium und Widersinn verletzt!

Es hätte die Vernunft das Ruder gern erfaßt;
Doch an des Sturmes Spiel zerschellte ihr Bemühn,
Und meine Seele tanzte, ein Kutter ohne Mast,
Tanzte auf ungeheurem, endlosem Meer dahin!

Die kleinen Alten

I

In alten Städten, die sich faltig winden,
Wo alles, selbst die Schrecken, uns berücken,
Treibt mich die Laune, Wesen aufzufinden,
Die, wunderlich verhutzelt, mich entzücken.

Verrenkte Mißgestalten, sie waren Frauen doch,
Lais und Epponina! Bucklig und zerschlagen,
Gekrümmt, laßt sie uns lieben! es sind ja Seelen noch.
Sie, die zerlumpte Röcke und dünne Stoffe tragen,

Schlurfen dahin, vom Winde rücksichtslos bedrängt,
Und zittern, rollt ein Wagen mit Getös vorbei;
Ein bunter Beutel dicht an ihrer Hüfte hängt,
Als wärs ein Reliquiar mit Blumenstickerei;

Trippelnd wie Marionetten sie sich fortbewegen,
Und wie verletzte Tiere schleppen sie sich hin,
Sie tanzen, arme Schellen, die nicht tanzen mögen,
An denen mitleidlos Dämonen zerrn und ziehn!

Gebrechlich – doch die Blicke bohren tief sich ein
Und schimmern wie die Löcher, drin Wasser ruht bei
                                                    Nacht;
Die Augen sind so göttlich und wie von Mädchen rein,
Die jedes Ding, das glänzt, erstaunt und lachen macht.

– Und habt ihr schon bemerkt, daß Särge von den Alten
Zuweilen fast so klein wie Kindersärge waren?
Der Tod will weise uns ein Bild entgegenhalten
– Fesselnd und sonderbar – in diesen gleichen Bahren.

Und wenn ich in Paris – so wimmelnd hingemalt –
Hinfällig ein Gespenst vorüberwanken sehe,
So ist mir stets, als ob die schmächtige Gestalt
Langsam und sacht zu einer neuen Wiege gehe;

Wofern mich nicht beim Anblick dieser wirren Glieder
Die geometrische Betrachtung noch bewegt:
Wie viele Male ändert wohl der Schreiner wieder
Die Form des Kastens, drein man diese Körper legt.

– Die Augen sind, gespeist von tausend Tränen, Seen,
Sind Tigel, mit Metall kalt-glitzernd angefüllte ...
Dem Reiz der Rätselaugen kann nicht widerstehen,
Wen selber schon das strenge Unglück stillte!

II

Des verblichenen Frascati liebende Vestalin,
Die Priesterin Thaliens, nur dem Souffleur bekannt,
Den man begrub; die Schöne, deren Ruhm dahin,
Die einst im Tivoli in ihrer Blüte stand,

Alle berauschen mich! doch unter diesen Schwachen
Sind solche, die noch Honig aus den Schmerzen ziehn,
Den Opfermut, der ihnen Flügel lieh, anfachen:
Machtvoller Hippogryph, führ mich zum Himmel hin!

Die eine, von der Heimat mit Unglück reich bedacht,
Die andere, die der Gatte mit Gram und Leid beschwert,
Und jene, die ihr Kind zur Schmerzensmutter macht,
All ihre Tränen hätten einen Strom genährt!

III

Diesen kleinen Alten folgt ich oft genug!
Eine ließ zur Stunde, da die Sonne sank
Und dem Himmel blutig rote Wunden schlug,
Nachdenklich sich nieder, dort auf einer Bank,

Wollte die Trompeten der Soldaten hören,
Die mit hellem Klang die Gärten überspülen –
Goldene Abende, die Leben neu beschwören
Und des Städters Herz mit Heldenmut erfüllen.

Jene, die sich aufrecht und mit Anstand trug,
Sog es gierig ein, dieses Lied auf Waffen;
Wie ein alter Adler sie ihr Aug aufschlug,
Und für Lorbeer schien die Marmorstirn geschaffen!

So stoisch, ohne Klagen, hab ich sie gefunden,
Die in das Chaos der belebten Städte kamen:
Ihr Kurtisanen, Heilige, Mütter voller Wunden,
In aller Munde waren einstmals eure Namen.

Ihr wart die Anmut oder wart von Ruhm gekrönt,
Jetzt kennt euch keiner mehr! Ein roher Trunkenbold
Mit spöttischem Verlangen euch verhöhnt;
Ein feiges Kerlchen über eure Fersen tollt.

Voll Scham, noch da zu sein, als welke Schatten bloß,
Gebückt und ängstlich ihr die Mauern streift;
Und keiner grüßt euch mehr, welch sonderbares Los!
Abfall der Menschheit, für die Ewigkeit gereift!

Doch mir, von dem ein Blick so zärtlich auf euch fällt,
Und der besorgt das Schwanken eures Schritts begleitet,
Als wär ich wundersam zum Vater euch bestellt,
Mir habt ihr ahnungslos Vergnügungen bereitet:

Seh ungelebte Leidenschaften sich entfalten;
Ich lebe, hell und dunkel, euren Tageslauf;
Mein Herz genießt des Lasters zahllose Gestalten!
Und meine Seele flammt von eurer Tugend auf!

Ruinen gleichen Geistes, die mir Verwandte waren!
Ich biet euch jeden Abend den feierlichen Gruß!
Wo seid ihr morgen, Even, gebeugt von achtzig Jahren,
Auf denen Gottes Faust so furchtbar lasten muß?

XCII

Die Blinden

Betrachte, meine Seele, wie grauenhaft sie sind!
Wie Gliederpuppen, etwas lächerlich sogar,
Schlafwandlern gleich, so schaurig und so sonderbar,
Und ihre Augenäpfel starren ziellos blind.

Sie halten ihre Augen, draus Gottes Funke schwand,
Als blickten sie ins Weite, dem Himmel zugekehrt;
Und niemals haben sie, von einem Traum beschwert,
Ihr mühbeladenes Haupt dem Pflaster zugewandt.

So ziehen sie durch grenzenlose Dunkelheit,
Ein Bruder jener Stille aus der Ewigkeit.
O Stadt! ringsum voll Liedern, Lachen, Kreischen, Fluchen,

Die bis zur Grausamkeit von ihrer Lust besessen!
Stumpfsinniger als jene kann ich nicht ermessen,
Was alle diese Blinden dort am Himmel suchen!

An eine, die vorüberging

Der Straßenlärm betäubend zu mir drang.
In tiefer Trauer, schlank, von Schmerz gestrafft,
Schritt eine Frau vorbei, die mit der Hand gerafft
Den Saum des Kleides hob, der glockig schwang;

Anmutig, wie gemeißelt war das Bein.
Und ich, erstarrt, wie außer mich gebracht,
Vom Himmel ihrer Augen, wo ein Sturm erwacht,
Sog Süße, die betört, und Lust, die tötet, ein.

Ein Blitz ... dann Nacht! – Du Schöne, mir verloren,
Durch deren Blick ich jählings neu geboren,
Werd in der Ewigkeit ich dich erst wiedersehn?

Woanders, weit von hier! zu spät! soll's *nie* geschehn?
Dein Weg ist mir, dir meiner unbekannt;
Dich hätte ich geliebt, und du hast es geahnt!

XCIV

Das Skelett als Ackermann

I

Auf Tafeln anatomischer Gestalten,
Am Ufer mitten in dem Staubgeruch,
Wo noch so manches moderige Buch
Hinschlummert wie die Mumien der Alten,

– Zeichnungen, die durch Ernst, der ihnen eigen,
Und Können einer greisen Künstlerhand,

Obgleich er traurig ist, den Gegenstand
Uns dennoch in der eigenen Schönheit zeigen –

Sieht man, wodurch sie noch gesteigert haben
Das Unbegreifliche, davor uns graut,
Gerippe, Muskelmänner ohne Haut,
Wie Knechte in dem Ackerboden graben.

II

Von diesen Feldern, die ihr so durchwühlt,
Ergeben euerm schauerlichen Sein,
Mit aller Kraft, die ihr in dem Gebein
Und in den bloßgelegten Muskeln fühlt,

Sagt, welches ist der seltsame Ertrag,
Ihr Sträflinge, dem Beinhaus abgerungen,
Und welcher Bauer hat euch wohl gedungen,
Der seine Scheuer derart füllen mag?

Wollt ihr (des allzu harten Schicksals List
Ein Sinnbild, wahrlich grauenhaft und klar!)
Uns zeigen, daß uns in der Grube gar
Der uns verheißene Schlaf nicht sicher ist;

Daß wir vom Nichts uns auch verraten finden;
Daß alles, selbst der Tod, uns noch belügt,
Und er vielleicht zu guter Letzt verfügt,
Daß wir uns, ach! in Ewigkeiten schinden

Und irgendwo in unbekannten Weiten
Den Spaten in die Erde stoßen müssen,
Um mit den blutigen und nackten Füßen
Den widerspenstigen Boden zu bereiten?

Abenddämmerung

Da ist der holde Abend, der Freund des Liederlichen;
Er kommt wie ein Komplize wölfisch leis geschlichen;
Der Himmel zieht sich sacht wie ein Alkoven zu,
Die Menschen werden Bestien und finden keine Ruh.

O Abend, lieber Abend, für den, der sagen kann,
Mit seinen beiden Armen: Die Arbeit ist getan
Für heute! – ohne Lüge. Denn nur der Abend bringt
Erleichterung den Geistern, die der Schmerz verschlingt,
Dem emsigen Gelehrten, der die Stirne senkt,
Dem Tagelöhner, den es nach dem Lager drängt.
Indes erwachen hämisch Dämonen in der Luft,
Wie Leute, die die Pflicht zu den Geschäften ruft,
Und stoßen sich im Flug an Läden und an Planken.
Im Schein der Lichter, die im Winde heftig schwanken,
Prostitution in allen Gassen sich entzündet,
Die überall sich durch geheime Wege windet,
Hervorströmt wie Ameisen aus dem Haufen,
Wie Feinde, die versuchen, die Stadt zu unterlaufen,
Regt sich im Schoß des Sumpfes, wie ein Wurm sich krümmt,
Der heimlich von den Menschen seine Nahrung nimmt.
Man hört es hie und da schon in den Küchen summen,
In den Theatern kreischen und Orchester brummen;
Bei Spielen, die Vergnügen an den Tischen wecken,
Die Huren mit den Gaunern den Kopf zusammenstecken,
Für schonungslose Diebe, die ohne Ruhe sind,
Ja, auch für sie schon bald das Tagewerk beginnt,
Sie müssen sanft die Türen und Kassenschlösser zwingen,
Damit sie Kleid und Nahrung ihrem Liebchen bringen.

In dieser ernsten Stunde mögst du gesammelt bleiben,
O Seele, und dein Ohr verschließen vor dem Treiben.
In dieser Stunde sind der Kranken Schmerzen groß!

Es greift die dunkle Nacht nach ihrem Hals; ihr Los
Führt sie am End zur Grube, in die alle fahren;
Mit ihren Seufzern füllt sich das Spital. – Es scharen
Am Abend nicht mehr alle ums Feuer sich beim Herd,
Wo sie bei lieben Seelen ihr duftend Mahl verzehrt.

Die meisten waren auch vom Leben ausgeschlossen
Und haben nie den Zauber eines Heims genossen!

XCVI

Das Spiel

Alte Kurtisanen auf zerschlissenen Sitzen,
Bleich, mit gemalter Braue und Augen, die betören,
Sie zieren sich, und an den mageren Ohren blitzen
Metall und Edelsteine; Klirren ist zu hören;

Gesichter ohne Lippen, Kiefer ohne Zahn,
Farblose Lippen sich um grüne Tische scharen,
Das Höllenfieber spannt verkrampft die Finger an,
Die in die leeren Taschen und an Busen fahren;

Unter verstaubten Decken reihen sich die Lichter,
Und übergroße Lüster ihren Schein versenden
Auf die umwölkten Stirnen der erlauchten Dichter,
Die hergekommen sind, den Blutschweiß zu verschwenden;

Dies ist das schwarze Bild, das sich in einem Traum
Des Nachts vor meinen klaren Blicken mir enthüllte.
Mich selber sah ich auch in dem verschwiegenen Raum,
Mit aufgestützten Armen, stumm und neiderfüllt,

Auf diese Leute neidisch, die von Gier getrieben,
Auf dieser alten Huren makabre Fröhlichkeit,

Die dreist vor meinen Augen alle Schacher trieben,
Dieser mit alter Ehre, jene mit der Schönheit!

Mein Herz erschrak, daß ich so manchen armen Mann,
Der eifrig in den offenen Abgrund rennt, beneidet,
Und der, vom Blut berauscht, es höher schätzen kann,
Wenn er statt Nichts die Hölle, Schmerz statt Tod erleidet!

XCVII

Totentanz

Stolz wie ein Lebender von edelster Statur,
Mit Handschuhn, Taschentuch und großem Blumenstrauß,
Sieht, ungeniert und lässig, diese Kreatur
Wie eine dürre, närrische Kokette aus.

Sah man solch schmale Taille je auf einem Ball?
Verschwenderisch des reichen Kleides Weite fließt
Auf einen dürren Fuß herab in üppigem Fall,
Den, hübsch wie eine Blume, ein Quastenschuh umschließt.

Die Rüschen, die den Rand des Schlüsselbeins umspielen,
So lüstern, wie sich Bäche an die Felsen drängen,
Sie wehren alle Späße schamhaft ab, die zielen
Auf jenen schauerlichen Reiz, den sie verhängen.

Die tiefen Augen sind ganz finster und ganz leer,
Der Schädel, der mit Blumen kunstgerecht verziert,
Schwankt auf den zarten Wirbeln sachte hin und her.
O Zauber eines Nichts, so töricht ausstaffiert!

Du seiest nur ein Zerrbild, werden manche meinen,
Die sich am Fleisch berauschen, sie begreifen nicht
Die unerhörte Eleganz von menschlichen Gebeinen.
Großes Skelett, das dem, was mir gefällt, entspricht!

Kommst du, das Fest des Lebens mit feixendem Gesicht
Zu stören? Oder treibt dich älteres Verlangen,
Das dir noch immer die lebendigen Knochen sticht,
Daß du zu dem Spektakel der Lüste hingegangen?

Hoffst du, der Kerzenschimmer und das Geigenklingen,
Verscheucht den Alptraum, welcher dich verlacht,
Und willst du dies im Sturm der Orgien erringen,
Daß er die Hölle dir im Herzen neu entfacht?

Du unversiegter Quell von Dummheit und von Unrecht!
Gefäß, wo immerwährend alte Qualen kochen!
Ich seh, durch deiner Rippen gebogenes Geflecht
Kommt unersättlich noch die Natter angekrochen.

Ich fürchte wahrlich nur, daß die Koketterie
Doch keinen Preis erringt, der ihrer Mühe wert;
Die Sterblichen verstehen diese Scherze nie!
Der Reiz des Grauens wird von Starken nur begehrt!

Voll grausiger Gedanken die Augenhöhlen gähnen,
Und den gemessenen Tänzer weht ein Schwindel an,
Daß er das ewige Lächeln von zweiunddreißig Zähnen
Nicht ohne bitteren Ekel mehr betrachten kann.

Doch, wer hat kein Skelett in seinen Arm gedrückt,
Und wer mag etwa nicht von toten Dingen speisen?
Was liegt am Wohlgeruch, am Kleid, das reich geschmückt?
Wer Abscheu zeigt, der muß sich selber schöner preisen.

Du nasenlose Bajadere, kühne Metze,
Sag doch zu diesem Tänzer, den du so gekränkt:
»Mein Liebling, trotz der Kunst des Schminkens, die ich
                                      schätze,
Riechst du nach Tod! Gebein mit Moschusduft getränkt;

Verwelkter Jüngling, Dandy, mit glattrasierten Wangen,
Schlohweißer Lebemann und übertünchter Leichnam,

Der Reigentanz des Todes nimmt auch euch gefangen
Und schleift euch zu dem Ort, von dem nie Botschaft kam!

Vom kalten Seineufer zum heißen Ganges dehnt
Die Herde Sterblicher sich aus, sieht nicht hinauf,
Sieht nicht das Loch, das finster in der Decke gähnt,
Den Engel mit Trompete, schwarz wie ein Büchsenlauf.

Es wundert sich der Tod, wie allerorts, allzeit
Die Menschheit lächerlich sich in der Sonne windet,
Daß er wie sie nach Myrrhe duftend, ihre Tollheit
Oftmals mit seiner Ironie verbindet!«

XCVIII

Liebe zur Lüge

Wenn bis zur Decke schwillt der Instrumentenklang,
An mir vorüber lässig die Geliebte streift,
Wenn sie verhält den trägen ausgewogenen Gang,
Der tiefe Blick gelangweilt über alles schweift;

Betrachte ich im Licht, das ihr Gesicht verschönt,
Die bleiche Stirn, der Leiden eigenen Reiz verliehn,
Und die des Abends Fackel mit Morgenröte tönt,
Die Augen wie auf Bildern, die den Blick anziehn,

Dann sag ich mir: Wie schön und seltsam frisch ihr Anblick!
Ein königlicher Turm, Erinnerung, umgreift
Und krönt sie; und ihr Herz, das wie ein Pfirsich fleckig,
Ist für erfahrene Liebe, wie ihr Leib, gereift.

Bist du die Herbstfrucht von erlesener Köstlichkeit?
Bist du ein Tränenkrug, darein man weinen soll,
Ein Duft, der Träume von Oasen uns verleiht,
Ein sanftes Ruhekissen, Korb von Blüten voll?

Ich weiß, daß manche Augen voller Schwermut scheinen,
Und doch kein kostbares Geheimnis in sich tragen;
Juwelen und Reliquien sind nicht in diesen Schreinen,
Die Himmel noch an leerer Tiefe überragen!

Doch warum soll mir nicht allein der Schein genügen,
Der dieses Herz, das Wahrheit flieht, erfreuen kann?
Was soll ich deine Torheit, deine Kälte rügen?
Gegrüßt, geputzte Maske! Ich bet die Schönheit an.

XCIX

Das weiße Haus, das wir so nah der Stadt besessen,
Das klein, doch ruhig war, ich hab es nicht vergessen;
Die Venus und Pomona in ihrer Gipsgestalt,
Verbargen nackte Glieder in dem kargen Wald;
Am Abend rann die Sonne wundervoll hernieder,
Die Strahlengarbe brach sich in den Scheiben wieder,
Sie schien ein großes Auge, das am Himmel wachte,
Damit es unser stummes, langes Mahl betrachte;
Es flutete ihr Licht, das aufzuflammen schien,
Über das schlichte Tuch und die Gardinen hin.

C

Die großherzige Magd, die deine Eifersucht erweckt,
Sie schläft jetzt, von bescheidenem Rasen zugedeckt,
Ihr Blumen hinzubringen scheint mir wohl geboten.
Sie haben großes Leid, die Toten, die armen Toten;
Wenn der Oktoberwind die alten Bäume zaust
Und trostlos rings um ihre Marmorsteine braust,
Müssen die Lebenden recht undankbar erscheinen,

Die in der Wärme schlafen, eingehüllt in Leinen,
Indes sie selbst, zernagt von schwarzen Grübelein,
So ohne Bettgenossen und Gespräch, allein,
Erfrorene Gerippe, von Würmern ganz entstellt,
Verspüren, wie im Winter Schnee herniederfällt,
Die Zeit verrinnt und Freunde nicht die Fetzen,
Die von den Gittern hängen, noch einmal ersetzen.

Hätt sie am Abend still im Sessel Platz genommen,
Wenn zischend im Kamin die schweren Scheite glommen,
Und würde sie im Winkel meiner Kammer kauern,
Nachts im Dezember in den blauen Kälteschauern,
So ernst heraufgestiegen aus der ewigen Ruh,
Und säh dem großen Kind mit Mutterblicken zu,
Was könnte ich der frommen Seele dann erwidern
Auf ihre Tränen aus den hohlen Augenlidern?

CI

Nebel und Regen

O Spätherbst, Winter, Lenz mit feuchter Erde,
Ich lieb und lob euch, Zeiten, da ich schläfrig werde,
Denn ihr umhüllt und decket Herz und Hirn mir zu
Mit dunstigem Leichentuch und öder Grabesruh.

In dieser Ebene wo kalte Winde wehen,
Wo heisere Wetterfahnen nächtelang sich drehen,
Kann besser als in jenen lauen Frühlingszeiten
Die Seele ihre weiten Rabenschwingen breiten.

Nichts anderes tut so wohl dem Herzen voller Grauen,
Auf das seit langem schon der Reif herniederfällt,
O fahle Jahreszeiten, Herrscher unserer Welt,

Als eure düstere Blässe allzeit anzuschauen
– Nur dies: in dunkler Nacht den Schmerz in Schlaf zu
wiegen,
Wenn wir zu zweit auf einem Zufallslager liegen.

CII

Pariser Traum

I

Von diesem grauenhaften Land,
Das nie ein Sterblicher erblickte,
Noch heute morgen, als es schwand,
Mich ein verschwommenes Bild entzückte.

Mit Wundern uns der Schlaf umstellt!
Durch sonderbare Laune fand
Die regellose Pflanzenwelt
Ich aus dem Schauspiel ganz verbannt;

Als Maler, stolz auf mein Genie,
Genoß im Bild ich überall
Berauschende Monotonie
Von Wasser, Marmor und Metall,

Ein Babel, Treppen und Arkaden,
Ein unabsehbarer Palast,
Voll Wasserbecken und Kaskaden,
Matt oder blank, in Gold gefaßt;

Und lastend schwere Wasserfälle,
Wie Draperien aus Kristall,
Hingen in blendend großer Helle
An Mauern nieder aus Metall.

Nicht Bäume, sondern Kolonnaden
Rings um die stillen Weiher standen,
Darin, wie Frauen, die Najaden
Sich riesenhaft gespiegelt fanden.

Und Dämme, rosenrot und grün,
Umsäumten endlos blaue Wogen,
Die über tausend Meilen hin
Bis an den Rand der Welten zogen;

Dort waren ungeheure Steine
Und Zauberfluten, wie geblendet
Die Riesenspiegel von dem Scheine
All dessen, was sich drin verschwendet!

In Schweigen und in Gleichmut floß
Der Gangesstrom durch Himmelsweiten,
In diamantene Tiefen goß
Er Krüge aus voll Kostbarkeiten.

Ich selbst entwarf die Zauberwelt:
Durch ein Gewölbe aus Rubin,
Nach meinem Willen so erstellt,
Zog ein bezwungener Ozean hin;

Und selbst die Schwärze schien mir ganz
Poliert und schillernd hell zu sein;
Das Flüssige flocht allen Glanz
In die kristallenen Strahlen ein.

Kein Stern jedoch und keine Spur
Von Sonne an des Himmels Dunkel;
Es leuchteten die Wunder nur
Aus eigenem Feuer und Gefunkel!

Auf diesem Treiben, das betörte,
Da lag (welch fürchterliche Neuheit!
Wo man nur schaute, nichts mehr hörte!)
Die Stille aus der Ewigkeit.

Als ich die Augen aufgemacht,
Sah ich das Grauen meiner Kammer,
Empfand, zu mir zurückgebracht,
Stechend der Sorge ganzen Jammer;

Die Uhr, die meine Stunden zählt,
Schlug unerbittlich Mittagszeit,
Und auf die fühllos trübe Welt
Ergoß der Himmel Dunkelheit.

CIII

Morgendämmerung

Tagwacht erscholl in Höfen der Kasernen,
Und Morgenwind blies über die Laternen.

Zu dieser Stunde Träume wirr entstehen,
Daß Knaben ruhelos sich auf den Kissen drehen;
Und wie ein blutiges Auge, welches zuckt und weint,
Die Lampe vor dem Tag als roter Fleck erscheint;
Die Seele von der Last des plumpen Leibs erlahmt,
Den Kampf der Lampe mit dem Tageslicht nachahmt.
Wie Winde alle Tränen von Gesichtern streichen,
Erschauert rings die Luft von Dingen, die entweichen;
Das Schreiben hat der Mann, die Frau die Liebe satt.

Schon qualmen hie und da die Häuser in der Stadt.
Die Freudenmädchen, bleiern das Augenlid umschattet,
Schlafen mit offenem Mund, stumpfsinnig und ermattet;
Mit magerer, kalter Brust schleppt sich die Bettlerin,
Bläst in die Glut hinein und auf die Finger hin.
Dies ist die Stunde, wo, von Geiz und Kälte umgeben,

Gebärende den schwersten Schmerz durchleben;
Und wie ein Schluchzen, das in blutigem Schaum versinkt,
Ein ferner Hahnenschrei den Dunst durchdringt;
Ein Nebelmeer umflutet die Gebäudemauern,
Die Sterbenden erliegen ihren Todesschauern
Und stoßen ihre letzten Seufzer aus.
Erschöpft von ihrem Werk, gehn Wüstlinge nach Haus.

Rosa und grün zieht fröstelnd Morgenrot herauf
Und folgt gemächlich dem verlassenen Seinelauf,
Paris im Dämmern packt sein Werkzeug voller Fleiß
Und reibt sich seine Augen als ein emsiger Greis.

Der Wein

CIV

Die Seele des Weines

Am Abend hub die Seele des Weines an zu singen:
»Es soll vor dir, du teurer Mensch, der ausgestoßen,
Mein brüderliches, strahlend helles Lied erklingen,
Aus meinem Glasgefängnis, mit Siegellack verschlossen!

Ja, in der Glut der Hänge muß man viel verlangen
An Mühsal, Schweiß und sengendheißem Sonnenschein,
Damit ich werden kann und Lebensgeist empfangen;
Doch will ich niemand schaden und nicht schnöde sein,

Denn groß ist meine Freude, rinne ich herab
In eines Menschen Kehle, den harte Arbeit plagt;
Und seine warme Brust ist mir ein sanftes Grab,
Das mehr als meine kalten Keller mir behagt.

Hörst du den Kehrreim jedes Sonntags schwelgerisch,
Und wie die Hoffnung raunt im Pochen meiner Brust?
Die Ärmel hochgekrempelt, Ellbogen auf dem Tisch,
So rühmst du mich und findest deine Lust;

Im Auge deines Weibes zünd ich frohen Schein;
Und deinem Sohne geb ich Kraft und Farbe wieder,
Für diesen schwachen Lebenskämpfer will ich sein
Das Öl, das seine Muskeln strafft und seine Glieder.

Als pflanzliches Ambrosia sink ich in dich hinein,
Ein edles Korn, gesät von einem ewigen Sämann;
Als Kind aus unserer Liebe soll Poesie gedeihn,
Die sich als seltene Blume zu Gott erheben kann!«

Der Wein der Lumpensammler

Oft sieht man bei Laternen in dem roten Licht,
Wenn Wind die Flamme zaust und fast das Glas zerbricht,
In schlammig alten Gassen mit winkeligem Lauf,
Dort, wo die Menschheit brodelt, als zög Gewitter auf,

So einen Lumpensammler übers Pflaster holpern,
Kopfschüttelnd wie ein Dichter gegen Mauern stolpern;
Ihn kümmern nicht die Lauscher, die sich um ihn scharen,
Er muß sein Herz in kühnen Plänen offenbaren.

Und er erläßt Gesetze, leistet einen Eid,
Zermalmt die Bösen alle und erhebt das Leid;
Das Sternenzelt ist wie ein Baldachin gebauscht,
Vom Glanz der eigenen Tugend ist er ganz berauscht.

Ja, diese Leute, die zu Hause Sorge plagt,
Zerschlagen von der Arbeit, vom Alter ganz verzagt,
Lahm unter einen Haufen Abfall hingeduckt,
Vom riesigen Paris verworren ausgespuckt,

Sie kehren duftend heim, vom Faßgeruch umflossen,
Gefolgt von in der Schlacht ergrauten Kampfgenossen,
Und ihre Bärte hängen wie alte Fahnen nieder.
Es richten Siegespforten, Banner, Blumen wieder

Sich neu vor ihnen auf, erhabenes Gaukelspiel!
Sie bringen in dem grellen, tosenden Gewühl
Von Trommeln und Trompeten, von Sonnenlicht und
                                            Schrein,
Dem liebestrunkenen Volke einen Glorienschein!

So durch die Menschheit hin in ihrem Leichtsinn rollt
Als funkelnder Paktol der Wein sein helles Gold;

Durch dieser Männer Kehlen singt er seine Taten
Und herrscht als wahrer König nur durch seine Gnaden.

Den Hader zu ertränken, die Trägheit einzuwiegen
Von allen den Verdammten, die im Sterben liegen,
Schuf Gott, den Reue rührte, des Schlafes tiefe Ruh;
Ihm fügt der Mensch den Wein, der Sonne Sohn hinzu!

CVI

Der Wein des Mörders

Mein Weib ist tot und ich bin frei!
Jetzt kann ich endlich toll betrunken sein.
Fand ich mich ohne Groschen bei ihr ein,
Zerriß mir meine Nerven ihr Geschrei.

Ich bin so glücklich wie ein König dran;
Die Luft ist rein, der Himmel wunderbar ...
Mir scheint, daß so der Sommer war,
Damals, als unsere Liebe erst begann!

Der Durst, der mich so furchtbar plagt,
Brauchte an Wein, um ihn zu stillen,
Solch eine Menge, um ihr Grab zu füllen;
– Und das ist nicht zu viel gesagt:

Ich stieß sie tief in die Zisterne
Und warf sogar noch das Gestein
Vom Brunnenrande hinterdrein.
– Ach, ich vergäße sie so gerne!

Im Namen unsrer Zärtlichkeit,
An die uns heilige Schwüre binden,

Und um uns wieder neu zu finden,
Wie einst in schöner Trunkenheit,

Erflehte ich ein Stelldichein
Am Abend, auf der dunklen Flur.
Und sie erschien! – Verrückte Kreatur!
Wir müssen alle etwas närrisch sein!

Sie kam noch immer hübsch daher,
Wenngleich erschöpft! Doch einerlei,
Ich liebte sie noch viel zu sehr!
Und sprach: Dein Leben ist vorbei!

Begreift denn keiner diese Sachen?
Wer von den blöden Säufern dächte
In Grübeleien kranker Nächte,
Aus Wein ein Leichentuch zu machen?

Dies Luder, das ich fühllos fand
Und unverwundbar wie aus Stahl,
Hat noch zu keiner Zeit die Qual
Der wahren Liebe je gekannt,

Mit ihren schwarzen Zauberein,
Des höllischen Gefolges Grauen,
Den Tränen und dem Giftebrauen,
Dem Lärm von Ketten und Gebein!

– So bin ich frei und ganz allein!
Heut abend will ich mich betrinken,
Dann auf die Erde niedersinken
Und ohne Furcht und Reue sein,

Und schlafen will ich wie ein Tier!
Dann kommt mit schwerem Räderknarren,
Voll von Gestein und Lehm der Karren;
Dies polternde Gefährt mag mir

Das schuldige Haupt zermalmen, gern,
Oder mich in zwei Stücke spalten;
Ich pfeif drauf, wie auf Gott, den Alten,
Den Satan und den Tisch des Herrn!

CVII

Der Wein des Einsamen

Der Blick galanter Frauen, der sich herüberstiehlt,
So ungewöhnlich und dem Strahle Lunas gleich,
Wenn er herniederrieselt zum bewegten Teich,
Der ihre unbefangene Schönheit sanft umspült;

Der letzte Beutel Taler in des Spielers Hand,
Der liederliche Kuß von Adeline, das Tönen
Aufreizender und schmeichelnder Musik, wie Stöhnen,
Das uns von ferne an der Menschen Leid gemahnt,

Reicht alles nicht an jenen tiefen Trost heran,
Den uns der reiche Bauch der Flasche spenden kann
Und der des frommen Dichters dürstend Herz belebt;

Hoffnung, Jugend, Leben schenkt uns dein Erbarmen
– Und Stolz, dies Kleinod aller Bettelarmen,
Der im Triumph zu Göttern uns erhebt!

Der Wein der Liebenden

Strahlend ist heute der Raum!
Ohne Sporen und Zügel und Zaum,
Sprengen wir, hoch auf dem Wein,
In den Zauberhimmel hinein!

Zwei Engeln gleich, die Fiebergluten
Unerbittlich überfluten,
Wollen wir uns der gläsern-blauen
Spiegelung der Ferne anvertrauen!

Von dem sanften Flügelschlagen
Weiser Wirbel fortgetragen,
Gleichem Rausche hingegeben,

Meine Schwester, laß uns schweben,
Fliehen, rastlos ohne Ruh,
Dem Paradies der Träume zu!

Blumen des Bösen

CIX

Die Zerstörung

Stets fühl ich, wie der Dämon mich bedrängt;
Wie Luft ungreifbar hält er mich umfangen;
Ich saug ihn ein, von seiner Glut versengt
Und angefüllt mit sündigem Verlangen.

So manches Mal – er kennt den Hang zum Schönen –
Verbirgt er sich verführerisch in Frauen;
Um mich an ekle Tränke zu gewöhnen,
Erheuchelt er den Vorwand, sie zu brauen.

Er führt mich weg von Gottes Angesicht,
Bis keuchend die Erschöpfung mich zerbricht
In Weiten von Verdruß und Einsamkeit.

Und wirft vor meine Blicke voll Empörung
Klaffende Wunden, ein beflecktes Kleid
Und blutiges Gepränge der Zerstörung!

CX

Eine Märtyrerin

Zeichnung eines unbekannten Meisters

Rings von Flakons, durchwirktem Stoff umgeben
    Und wollüstigen Gegenständen,
Von üppigen Gewändern, um die Düfte schweben,
    Gemälden an den Wänden,

In einem Raum, der lau ist wie ein Treibhaus
    Und unheilschwanger überall,
Wo letzte Seufzer haucht ein Blumenstrauß
    In einem Sarge aus Kristall,

Ergießt ein Leichnam ohne Kopf in stetem Fließen
    Auf Kissen seine Wogen
Von frischem, rotem Blut, das, gierig wie von Wiesen,
    Vom Leinen aufgesogen.

Gleich den Gesichten, die aus Schatten fahl entlassen
    Unsere Blicke fangen,
Ruht still das Haupt, mit dunkler Haare Massen,
    Darin Geschmeide prangen,

Auf einem Nachttisch wie Ranunkeln auf dem Teich;
    Verschwommen und gedankenleer
Stiehlt ein verdrehter Blick, wie Dämmerung bleich,
    Sich aus den Augen her.

Verlassen auf dem Bett läßt völlig unbedacht
    Der nackte Rumpf sich gehn,
Wie ihn Natur erschuf, in der verborgenen Pracht
    Und so unselig schön;

Ein rosa Strumpf am Bein, den goldener Zwickel ziert,
    Blieb wie ein Souvenir zurück;
Das Strumpfband heimlich glühend wie ein Auge stiert
    Mit diamantenem Blick.

Und diese Einsamkeit, die alles übersteigt,
    Dazu ein sehnsuchtsvolles Bild,
Das aufreizende Augen und Gebärden zeigt,
    Uns dunkle Leidenschaft enthüllt,

Höllische Küsse bei den seltsamen Gelagen
    Und sündhafte Vergnügen,

Wie sie den bösen Engelschwärmen wohl behagen,
  Die durch den Vorhang fliegen;

Doch zeigt die magere Schulter, die so elegant
  Umrissen ist und so fragil,
Die Hüfte, etwas spitz, die Taille, jäh gewandt,
  Gereizt wie ein Reptil,

Wie jung sie ist! – Hat sie, die Seele zornentfacht,
  Die Sinne voller Überdruß,
Sich ganz der Meute der Begierden dargebracht,
  Die blindlings schweifen muß?

Der Rachelüsterne, dem du, trotz aller Liebe,
  Lebend den Hunger nicht gestillt,
Fand er das maßlose Verlangen seiner Triebe
  Von dem willfährigen, toten Leib erfüllt?

Schamloser Leichnam, sag! sollst an den Flechten hoch
  Mit hastigem Arme dich erheben,
Sag mir, du grauses Haupt, hat kalten Zähnen noch
  Er seinen Abschiedskuß gegeben?

– Weit vom Gespött der Welt, vom Pöbel weit geschieden,
  Von Richtern voller Wißbegier,
Ruhe in Frieden, seltsames Geschöpf, in Frieden
  In dem geheimnisvollen Grabe hier;

Dein Mann durchirrt die Welt, dein Bild wird ewig leben
  Und seinen Schlaf bewachen immerdar;
So wie du ihm, ist er in Treue dir ergeben,
  Bis in den Tod, unwandelbar.

Verfemte Frauen

Nachdenklich wie das Vieh sie sich im Sand hinstrecken,
Zum Horizont der Meere sie ihre Blicke heben,
Die Füße, die sich suchen, die Hände, die sich recken,
Durchschauert süßes Schmachten und bitteres Erbeben.

Die einen, deren Herzen voll Vertraulichkeit,
Gehn, wo die Bäche plaudern, in den tiefen Hain,
Enträtseln dort die Liebe scheuer Kinderzeit
Und kerben tief das Holz der jungen Bäumchen ein.

Und andere, wie Schwestern, wandeln ernst, gelassen
Durch Felsenschluchten hin, wo Spukgestalten hocken,
Dort quollen vor Antonius, wie Lavamassen,
Die rosig nackten Brüste, um ihn zu verlocken;

Und wieder andere, die beim harzigen Fackelschein
Am stummen Grund der alten Heidengrotten liegen,
In ihren wilden Fiebern zu dir um Hilfe schrein,
O Bacchus, ihre alte Reue einzuwiegen!

Und manche bergen Geißeln unter ihrem Kleid
Und tragen Skapuliere auf der nackten Brust,
Sie mischen in der Wälder und Nächte Einsamkeit
Die Tränen ihrer Qualen mit dem Schaum der Lust.

O Jungfrauen, Dämonen, Monster, ihr gequälten
Und großen Geister, ihr verabscheut Wirklichkeit
Und sucht Unendliches, ihr lüsternen Erwählten,
Wonach ihr voller Jammer, voller Tränen schreit;

Euch, denen ich zur Hölle gefolgt mit meinem Herzen,
Euch muß ich lieben, Schwestern, so wie euch beklagen,
Um eures Dürstens willen, eurer dumpfen Schmerzen,
Und um der Liebesurnen, die eure Herzen tragen!

Die beiden guten Schwestern

Verschwenderisch an Küssen, von üppiger Gesundheit,
Sind Ausschweifung und Tod ein hübsches Schwesternpaar;
Ihr jungfräulicher Schoß – ihn hüllt ein Lumpenkleid –
In dieser ewigen Mühsal nie ein Kind gebar.

Dem finsteren Poeten, Lieblingskind der Hölle,
Der den Familien gram, ein Schmeichler, schlecht betucht,
Zeigen in ihren Lauben Gräber und Bordelle
Ein Lager, das noch nie die Reue aufgesucht.

Die Bahre und das Bett mit lästerlichen Gaben,
Zwei guten Schwestern gleich, der Reihe nach bereiten
Schreckliche Lüste und grausige Zärtlichkeiten.

Wann willst du, Wollust, mich mit eklem Arm begraben?
O Tod, an Reizen gleich, wann wirst du dich aufrecken
Und auf die giftige Myrte Zypressenzweige stecken?

CXIII

Die Blutfontäne

Mir scheint, zuweilen rinnt mein Blut in Wellen,
Wie Schluchzer rhythmisch aus Fontänen quellen.
Ich hör es lange murmelnd weiterhasten,
Versuch umsonst, die Wunde zu ertasten.

Die ganze Stadt durchfließt es in Gerinnseln,
Aus Pflastersteinen macht es kleine Inseln,
Es löscht das Dürsten jeder Kreatur
Und rötet allerorten Wald und Flur.

Nur einen Tag, so bat ich oft den Wein,
Betäub die Ängste, welche an mir zehren;
Doch Wein macht Aug und Ohr besonders fein!

Vergessen konnte Liebe nicht bescheren;
Mit Nadeln ist ihr Lager mir gespickt,
Grausame Mädchen werden dort erquickt!

CXIV

Allegorie

Ein schönes Weib ist sie, von üppiger Gestalt,
Im Weine schleift ihr Haar, das reich herniederwallt.
Der Kneipen Gifte und der Liebe Tatzen
Können die Haut aus Marmor nicht zerkratzen.
Sie höhnt den Tod, kein Laster kann sie schänden,
Von dieser Ungeheuer raffgierigen Händen,
Die ein zerstörerisches Spiel gewohnt,
Blieb ihres festen Leibes Majestät verschont.
Sultanin, wenn sie ruht, Göttin, wenn sie sich regt;
Den Glauben an die Lust sie wie ein Moslem hegt;
Die ganze Menschheit lockt ihr Auge unverhüllt
In ihre offenen Arme, die ihr Busen füllt.
Die unfruchtbare Jungfrau glaubt und denkt,
Da sie den Lauf der Welt gleichwohl beschenkt,
Daß, wer erhabene Leibesschönheit hat,
Verzeihung findet für die schlimmste Tat.
Sie kennt kein Fegefeuer, keine Höllenpein,
Führt ihre Stunde sie in schwarze Nacht hinein,
Wird sie des Todes Antlitz frei ins Auge fassen
Wie ein Neugeborenes – ohne Reu und Hassen.

Die Beatrice

Auf ausgebrannter Erde, nichts Grünes weit und breit,
Klagte ich der Natur dereinst mit Heftigkeit,
Und als ich so begann, ziellos umherzuschweifen,
An meinem Herzen sacht des Denkens Dolch zu schleifen,
Sah ich am hellen Tag sich mir zu Häupten türmen
Düstere Wolkenballen, aufgebläht von Stürmen,
Draus eine tückische Dämonenschar entwich,
Die boshaft vorwitzigen Zwergen glich.
Und sie begannen kalt, mich zu betrachten,
Wobei sie blinzelten und Zeichen machten;
Wie Müßiggänger über Narren staunen,
Hört ich sie lachend miteinander raunen:

– »Sehn wir geruhsam diesen Schatten Hamlets an,
Der seine Pose nachahmt, diesen Scharlatan,
Das Haar im Wind, den Blick in sich gekehrt.
Ist dieser Lebemann nicht unseres Mitleids wert;
Der Komödiant auf Urlaub, dieser Naseweis,
Nur weil er seine Rolle fein zu spielen weiß,
Will er den Bach, die Blumen, die Adler und die Grillen
Durch seine Klagelieder mit Teilnahme erfüllen,
Und sogar uns, die solche Schliche ausgedacht,
Hat er den Wortschwall jammernd dargebracht!«

Ich konnte (denn mein Stolz ragt wie die Berge
Hoch über Wolken hin und das Geschrei der Zwerge)
Schlicht mein erhabenes Haupt zur Seite drehen,
Hätt ich in dieser geilen Horde nicht gesehen –
Verbrechen! daß davor die Sonne nicht erschrickt! –
Die Königin meines Herzens, die unvergleichlich blickt,
Die meine finsteren Nöte mit ihnen gar belachte
Und sie mit widerlicher Zärtlichkeit bedachte.

Eine Reise nach Kythera

Mein Herz schwang einem Vogel gleich sich froh hinauf
Und schwebte um das Tauwerk, frei und unbeschwert;
Bei wolkenlosem Himmel nahm das Schiff den Lauf
Gleich einem Engel, den der Sonne Glanz betört.

Wie heißt die düstere Insel? – Sie erzählen,
Daß es Kythera sei, aus Liedern wohlbekannt,
Ein Eldorado, das die Junggesellen wählen.
Seht her, genau betrachtet, welch ein armes Land!

– Insel der Herzensfeste und der Heimlichkeiten!
Wo stolz der Geist antiker Venus schweift
Über die Meere hin, wie Düfte sich verbreiten,
Daß Liebe und Verlangen die Seelen dort ergreift.

Insel voll grüner Myrten, wo die Blumen blühen,
Der immer alle Völker Huldigung bezeigen,
Wo auch die Herzensseufzer wie Gebete ziehen,
Wie aus den Rosengärten Wohlgerüche steigen

Oder wie Taubengurren, das man endlos hört!
– Kythera war nur noch ein karges Land,
Nur steinbesäte Wüste, von schrillem Schrei gestört.
Doch einzigartig war das Ding, das ich dort fand!

Es war kein Tempel in der Bäume schattiger Hut,
Wo eine junge Priesterin nach Blumen ging
Und, ihren Körper brennend von geheimer Glut,
Mit offenem Gewand des Windes Hauch empfing;

Da, als wir nah der Küste Vögel aufgeschreckt
Mit unserm weißen Segel, das vorüberstrich,
Sahn wir, es war ein Galgen – drei Arme aufgereckt,
Schwarz vor dem hellen Himmel – der Zypressen glich.

Die wilden Vögel krallten an dem Fraß sich fest,
Zerfetzten gierig den verwesenden Gehenkten,
In alle blutigen Ecken von dem Überrest
Sie ihre eklen Schnäbel wie ein Werkzeug senkten;

Die Augen waren Höhlen, aus dem Bauche trieben
Die Eingeweide vor, die auf die Schenkel flossen;
Die Schergen hatten ihn entmannt mit Schnabelhieben
Und waren feist von all dem Graus, den sie genossen.

Zu seinen Füßen strichen neidisch Tiere hin
Und kreisten ihn mit den erhobenen Schnauzen ein;
Ein größeres Tier inmitten dieser Herde schien,
Umgeben von den Knechten, der Henker selbst zu sein.

Einwohner von Kythera, so schönen Himmels Kind,
Du hast in Schweigen diese Kränkungen ertragen,
Die Sühne deiner frevelhaften Bräuche sind
Und deiner Sünden, welche dir ein Grab versagen.

Du lächerlich Gehenkter, die Schmerzen sind mir eigen!
Ich fühle, wenn ich deine Glieder schlottern seh,
In mir wie einen Brechreiz zu den Zähnen steigen,
Wie einen Gallefluß, mein endlos altes Weh;

Vor dir, du armer Teufel, dem mein Gedenken gilt,
Hab ich doch alle Schnabelhiebe jener Raben
Und auch der schwarzen Panther Kiefer schon gefühlt,
Die meinen Leib mit Wollust einst zerrissen haben.

– Das Meer war spiegelglatt, der Himmel wunderbar;
Für mich war alles nur von blutigem Schwarz erfüllt,
Denn wie in einem dichten Leichentuche war
Mein Herz in diesem Gleichnis tödlich eingehüllt.

Auf deiner Insel, Venus! fand ich aufrecht ragen
Den zeichenhaften Galgen, wo ich mein Bild erschaut . . .
– Ach! Herr! gib Mut und Kraft, den Anblick zu ertragen
Von Herz und Körper, ohne daß mir graut!

Amor und der Schädel

Alte Schlußvignette

Amor, der Ruchlose, hockt
  Auf dem Schädel der Menschheit,
Auf diesem Throne frohlockt
  Er mit Dreistigkeit,

Frohgemut läßt er runde
  Blasen entstehn,
Zu Welten am Himmelsgrunde
  Möchten sie wehn.

Zarte Kugeln aus Licht,
  Schwebend im Raum,
Versprühen ihr Seelchen, das bricht
  Als goldenen Traum.

Ich hör ohne Unterlaß
  Den Schädel flehn:
– »Wann wird dieser wüste Spaß
  Zu Ende gehn?

Was deinem grausamen Mund
  In die Luft entschwebt,
Ist Hirn, du mörderischer Schlund,
  Mein Fleisch und Blut, das lebt!«

Aufruhr

Die Verleugnung des heiligen Petrus

Was fängt denn Gott nur an mit dieser Flut von Flüchen,
Die täglich sich zu seinen Seraphim aufschwingen?
So satt wie ein Tyrann von Fleisch und Weingerüchen
Entschlummert er, sobald die Schmähungen erklingen.

Die Seufzer, welche man Gefolterten erpreßt,
Berauschen ihn gewiß wie eine Symphonie,
Denn trotz des Bluts, das er die Lust sich kosten läßt –
Überdrüssig wird der Himmel ihrer nie!

– Ach! Jesus, denkst du noch an jenen Ölberghain!
Wo du in Einfalt auf den Knien vor ihm gelegen,
Der, als sie Nägel trieben dir ins Fleisch hinein,
In seinem Himmel lachte bei den Hammerschlägen;

Und als mit seinem Speichel deine Gottheit netzte
Der Pöbel von der Wache mit dem ganzen Troß,
Und als die Dornenkrone deine Stirn verletzte,
Die diese ungeheure Menschheit ganz umschloß,

Als des zerschlagenen Leibes grauenhafte Last
An deinen ausgespannten Armen zerrte, Schweiß
Und Blut rann von der Stirne, die erblaßt,
Und du zum Ziel geworden für den ganzen Kreis,

Hast du da nicht geträumt von jenen schönen Tagen,
Wo du als der Messias der Verheißung kamst,
Wo du von einer sanften Eselin getragen,
Den Weg, bestreut mit Palmenzweigen, nahmst,

Wo du, geschwellt von Hoffnung und von Tapferkeit,
Die Peitsche über diesem Händlerpack geschwungen
Und endlich Meister warst? Ist da nicht Reue weit
Tiefer noch als die Lanze dir ins Herz gedrungen?

– Gewiß, ich meinesteils verließe unbeschwert
Die Welt, wo Traum und Tat sich nicht als Schwestern sehn;
Könnt ich das Schwert gebrauchen, umkommen durch das
                                        Schwert!
Petrus verriet den Herrn … und das ist recht geschehn!

CXIX

Abel und Kain

I

Abels Stämme schlafen, trinken, essen;
Gottes Huld wird ihrer nie vergessen.

Stämme Kains, müßt kriechend euch verstecken
Und dann jämmerlich im Kot verrecken.

Abels Stämme, eurer Opfergaben
Wohlgeruch die Seraphim erlaben!

Stämme Kains, wann enden je die Strafen,
Die euch hart und grausam trafen?

Abels Stämme, euer Vieh ist trächtig,
Und die Saaten stehen prächtig;

Stämme Kains, in euren Eingeweiden
Knurrt es wie ein Hund, vom Hungerleiden.

Abels Stämme wärmen wohlgenährt
Sich den Bauch am väterlichen Herd;

Stämme Kains, ihr haust in einem Stall,
Kältezitternd, arm wie ein Schakal!

Abels Stämme lieben sich und mehren!
Selbst das Gold scheint Junge zu bescheren.

Stämme Kains, da eure Herzen brennen,
Hütet euch, in Gier euch zu verrennen.

Abels Stämme wachsen, und sie weiden
Wie im Wald die Wanzen, unbescheiden!

Stämme Kains, es schleppen sich und sterben
Auf den Wegen liegend deine Erben.

II

Ach! ihr Stämme Abels, eure Lende
Wird schon bald als Aas den Boden nähren!

Stämme Kains, so führet jetzt zu Ende
Dieses Werk, das wir von euch begehren;

Abels Stämme, Schmach wird euch bezwingen:
Müßt ihr statt der Pflüge Spieße schärfen!

Stämme Kains, die in den Himmel dringen,
Sollen Gott hinab zur Erde werfen!

Die Satans-Litaneien

Du, der du aller Engel schönster, klügster Geist,
Gott, den das Los verriet und welchen niemand preist,

O Satan, sei mir gnädig in meiner tiefen Not!

O Fürst in der Verbannung, dem man Unrecht tat
Und der, besiegt, sich stärker noch erhoben hat,

O Satan, sei mir gnädig in meiner tiefen Not!

Allwissender, der alles Verborgene durchschaut,
Du großer König, Helfer, dem Menschenangst vertraut,

O Satan, sei mir gnädig in meiner tiefen Not!

Du, der die Parias selbst, an denen Aussatz zehrt,
Aus Liebe noch die Lust des Paradieses lehrt,

O Satan, sei mir gnädig in meiner tiefen Not!

Du, der du mit dem Tod, der alten Buhlerin,
Die Hoffnung hast gezeugt – die liebenswerte Närrin!

O Satan, sei mir gnädig in meiner tiefen Not!

Du, der beim Vogelfreien jenen Blick entflammt,
Womit er alles Volk rings ums Schafott verdammt,

O Satan, sei mir gnädig in meiner tiefen Not!

Du, der du weißt, wo in der Erde tiefen Falten
Die Edelsteine ruhn, die Gott uns vorenthalten,

O Satan, sei mir gnädig in meiner tiefen Not!

Du, dessen klare Augen den Grund gesehen haben,
Auf dem ein ganzer Haufen Metalle liegt begraben,

O Satan, sei mir gnädig in meiner tiefen Not!

Du, der die Schlucht verdeckt mit seiner großen Hand
Für Schlafwandler, die irren an der Dächer Rand,

O Satan, sei mir gnädig in meiner tiefen Not!

Du, der du den Betrunkenen, vom Pferdehuf erfaßt,
Auf wunderbare Weise noch gerettet hast,

O Satan, sei mir gnädig in meiner tiefen Not!

Du, der zum Trost der Menschen, die der Schmerz
                                    bedrängt,
Uns lehrte, wie man Schwefel mit Salpeter mengt,

O Satan, sei mir gnädig in meiner tiefen Not!

Du schlauer Freund, der Krösus sein Zeichen aufgedrückt,
Das die gemeine Stirn des Unbarmherzigen schmückt,

O Satan, sei mir gnädig in meiner tiefen Not!

Du, der es allen Mädchen in Aug und Herz geschrieben,
Daß sie die Wunden ehren und den Plunder lieben,

O Satan, sei mir gnädig in meiner tiefen Not!

Du Leuchte der Erfinder und Stütze der Bedrängten,
Beichtvater der Verschwörer und Tröster der Gehenkten,

O Satan, sei mir gnädig in meiner tiefen Not!

Wahlvater derer, die Gottvater angeklagt
Und zornig aus der Erde Paradies verjagt,

O Satan, sei mir gnädig in meiner tiefen Not!

Gebet

Lob und Ruhm dir, Satan, hoch am Himmelsrund,
Wo du einst herrschtest, und im tiefen Höllenschlund,
Wo du besiegt in Stille Träumen hingegeben!
Unterm Erkenntnisbaume laß mich bei dir leben
Und meine Seele ruhn, wenn sich die Zweige recken,
Die wie ein neuer Tempel deine Stirn bedecken!

Der Tod

Der Tod der Liebenden

Um unser Lager werden Düfte wehen,
Diwane tief wie Grüfte uns empfangen,
Auf Etageren fremde Blüten stehen,
Die unter schöneren Himmeln aufgegangen.

Da unsere Herzen letzte Glut verbrauchen,
Wird lodernd dieser beiden Fackeln Licht
Zwiefach aus jenen Zwillingsspiegeln tauchen,
Aus unsern Geistern, wo ihr Schein sich bricht.

Ein Abend rosa, mystisch blau erblüht,
Wir tauschen einen Blitz, der uns durchglüht
Wie langes Schluchzen, schwer von Abschiedsschmerzen;

Ein Engel später durch die Pforten schwebt,
Der blinde Spiegel und erloschene Kerzen
Heiter und gläubig wieder neu belebt.

CXXII

Der Tod der Armen

Es ist der Tod, der Trost und Leben schenkt;
Er ist das Ziel, das einzig Hoffnung macht,
Ein Elixier, das uns berauschend tränkt
Und Mut gibt, durchzuhalten bis zur Nacht;

Durch Sturm und Schnee ist er das schwache Licht,
Für uns am dunklen Horizont entzündet;
Ist jene Bleibe, die das Buch verspricht,
Wo man zur Rast ein Mahl und Schlummer findet,

Ein Engel, dessen Finger lockend zeigen
Den Schlaf und Träume, die uns übersteigen;
Armen und Nackten er ein Bett bereitet;

Der Götter Ruhm, der Speicher, der nie leer,
Der Armen Beutel, Heimat von jeher,
Das Tor, das uns zu fremden Himmeln leitet!

CXXIII

Der Tod der Künstler

Wie oft noch muß ich deine niedere Stirne küssen
Und meine Schellen schütteln, trübsinnige Karikatur?
Um in das Ziel zu treffen mystischer Natur,
Wie viele Pfeile, o mein Köcher, noch einbüßen?

Wir spinnen Pläne, die an unserer Seele zehren;
Oft müssen wir das erst Begonnene zerhauen,
Bevor wir dieses herrliche Geschöpf erschauen,
Wonach wir seufzen unter höllischem Begehren!

Und einige erblickten niemals ihr Idol:
Bildhauer, die vom Fluch gezeichnet, die versagen,
Die unaufhörlich sich an Brust und Stirne schlagen,

Erhoffen eines nur, welch düsteres Kapitol!
Daß einst der Tod wie eine neue Sonne schwebt
Und so die Blumen ihres Hirns zum Blühn belebt!

CXXIV

Das Ende des Tages

Von fahlem Lichte überschwemmt
Kreiselt und windet sich sinnlos
Das Leben, schrill und ungehemmt.
So, wenn am Horizonte groß

Und wollüstig die Nacht aufsteigt,
Die allem, selbst dem Hunger Frieden schenkt,
Wo alles, selbst die Schande, schweigt,
Befreit der Dichter: »Endlich!« denkt,

»Mein Geist und mein Gebein verlangen
Sehnlich, in Ruhe sich zu wiegen;
Das Herz in düsterem Traum befangen,

Will ich auf meinem Rücken liegen
Und mich in deine Schleier schmiegen,
O Dunkel, kühl von dir verhangen!«

CXXV

Der Traum eines Neugierigen

Kennst du wie ich die so erlesenen Schmerzen,
Nennt man dich einen Menschen eigener Art?
– Ich lag im Sterben. Im entflammten Herzen
War Furcht mit Sehnsucht wundersam gepaart,

War Angst und rege Hoffnung, ohne Aufruhr;
Je mehr verrann vom schicksalhaften Sand,
War köstlicher und schärfer die Tortur,
Mein Herz vertrauter Welt ganz abgewandt.

Ich glich dem Kind, das, auf ein Spiel gespannt,
Den Vorhang haßt wie einen Widerstand ...
Bis sich die kalte Wahrheit schauen ließ:

Tot war ich, grausiges Morgenrot stieg hoch.
Nichts Staunenswertes! – Wie? war es nur dies?
Der Vorhang aufgezogen, und ich warte noch.

CXXVI

Die Reise

I

Dem Kind, auf Kupferstiche und Karten ganz erpicht,
Scheint weit wie sein Verlangen auch das All zu sein.
Wie ist die Welt so groß bei einer Lampe Licht!
In der Erinnerung Augen, wie die Welt so klein!

Wir brechen eines Morgens auf, das Hirn entfacht,
Das Herz von Groll geschwellt und bitterem Begehren,
Und wiegen mit den Wogen auf und nieder sacht
Unsre Unendlichkeit auf den begrenzten Meeren:

Die einen froh, der Schmach der Heimat zu entgehn,
Und andere den Greueln ihrer Kinderzeit,
Sterndeuter, die im Aug des Weibes untergehn,
Der Circe voller Duft und Grausamkeit.

Um nicht zum Tier zu werden, sie am Licht und Glast
Des Himmels und des Raumes sich berauschen müssen;
Die Sonne, die sie bräunt, die Kälte, die sie faßt,
Sie löschen langsam alle Spuren aus von Küssen.

Doch wahre Reisende, die gehen einfach fort
Um fortzugehen, leicht, wie Seifenblasen schweben;

Sie nehmen ihr Verhängnis mit zu jedem Ort,
Und, ohne ein Warum, sie immer vorwärts streben!

Sie sind es, deren Wünsche Wolkenbildern gleichen,
Die träumen, wie Rekruten für die Schlacht entbrannt,
Endlose, ungeahnte Lüste zu erreichen,
Von denen nie ein Mensch den Namen je gekannt!

II

Wir eifern – grauenvoll! – der Kugel nach, die tollt,
Dem Kreisel, welcher tanzt; und selbst im Schlaf noch
                             plagen
Uns Wißbegier und Unrast, die uns weiterrollt,
Als würd ein Engel mit der Peitsche Sonnen schlagen.

Seltsam ist das Geschick, wo sich das Ziel verschiebt
Und irgendwo sein kann, da es sich nirgends findet!
Und wo der Mensch, für den es immer Hoffnung gibt,
Um Ruhe zu erlangen, wie ein Narr sich schindet!

Das Boot der Seele sucht, wo sein Ikarien sei;
»Die Augen auf!« erschallt die Stimme auf dem Schiff
Und aus dem Mastkorb gellend ein verwirrter Schrei:
»Liebe ... Ruhm ... und Glück!« Hölle! Nur ein Riff!

Und jede Insel, die der Mann im Ausguck nennt,
Scheint uns ein Eldorado, vom Schicksal zugesagt;
Die Phantasie, die sich in Schwelgerei verrennt,
Entdeckt nur eine Klippe, wenn der Morgen tagt.

Der Arme, der sich so nach Hirngespinsten sehnt!
Soll man ins Meer ihn werfen, soll er Ketten tragen,
Der trunkene Maat, der vor Amerika sich wähnt,
Um, so getäuscht, den Abgrund bittrer zu beklagen?

So träumt der Vagabund, die Nase hochgereckt,
Vom lichten Paradies, wenn er im Schlamm hinzieht;
Sein Auge wie verhext ein Capua entdeckt,
Wo er ein trübes Loch bei Kerzenschimmer sieht.

III

Seltsame Reisende! Erhabene Geschichten
Laßt ihr uns tief im Meere eurer Augen sehn!
Sollt von den Schätzen der Erinnerung berichten,
Diesen Kleinodien, die aus Stern und Luft bestehn.

Und ohne Dampf und Segel reisen wir ins Land!
Laßt, um des Kerkers Langeweile zu entfliehen,
Hin über unsern Geist, wie Leinwand ausgespannt,
Gerahmt von Horizonten, Reisebilder ziehen.

Sagt, was habt ihr gesehn?

IV

                              »Wir sahen jene weiten
Flächen von Sand und Wasser; und Sterne sahen wir;
Doch trotz Erschütterung und mancher Widrigkeiten
Erfaßte Langeweile uns genau wie hier.

Das Lichterspiel der Sonne auf violetten Meeren,
Das Lichterspiel der Städte, wenn sie uns verließ,
Entfachte uns im Herzen rastlos das Begehren,
Im Himmel aufzugehn, der solchen Glanz verhieß.

Und keine reiche Stadt, kein noch so weites Land
Hat solch geheimen Zauber auf uns ausgeübt
Wie jene, die das Spiel der Wolken uns erfand;
Und immer waren wir vor Sehnsucht ganz betrübt!

– Genuß, der noch die Kraft der Sehnsucht wachsen läßt.
Sehnsucht, du alter Baum, dem Lüste Nahrung geben,
Und während deine Rinde härter wird und fest,
Die Zweige immer näher hin zur Sonne streben!

Wächst du noch weiter, Baum, von größerer Lebenskraft
Als die Zypresse? – Doch wir haben wohlbedacht
Für euer Album, Brüder, Skizzen euch beschafft,
Da alles euch gefällt, was weither mitgebracht!

Wir haben uns vor Götzen mit Rüsseln tief verneigt,
Vor Thronen, die der Schmelz von Edelsteinen zierte,
Palästen, die so bunten Feenprunk gezeigt,
Daß solch ein Traum sogar Bankiers noch ruinierte,

Gewändern, die die Augen trunken nur erfassen,
Frauen, die sich die Nägel färben und die Stirne,
Und Gauklern, die von Schlangen sich liebkosen lassen.«

V

Und dann, und dann was noch?

VI
»O ihr Kinderhirne!

Die Hauptsache jedoch, die uns ins Auge fiel
Und die wir ohne Suchen überall gefunden:
Der unsterblichen Sünde langweiliges Schauspiel,
Von oben auf des Schicksals Leiter bis tief unten:

Das Weib, gemeine Sklavin, dumm vor Eitelkeit,
Lustlos in sich verliebt, von Ekel unberührt,
Den Mann, der ein Tyrann ist, voller Gier und Geilheit,
Der Sklavin Sklave, Abschaum, den die Gosse führt,

Den Märtyrer, der schluchzt, den Henker, der genießt,
Den Blutdunst, der wie Würze auf den Festen schwimmt,
Das Gift der Macht, das des Despoten Nerv zerfrißt,
Volk, das die Peitsche liebt, die ihm die Würde nimmt,

Und manche Religion, die unsrer ähnlich schien,
Jede den Himmel stürmend, wo die Heiligkeit
– So streckt ein Weichling sich in Daunenbetten hin –
Mit Sack und Nägeln lustvoll sich kasteit,

Die Menschheit, stets geschwätzig, trunken von Genie,
Die ehedem schon närrisch war wie jetzt und hier
Und Gott verwünscht im Aufschrei ihrer Agonie:
›O meinesgleichen, Herr, mein Gott, ich fluche dir!‹

Und dann die minder Dummen, kühn verliebt in Wahnsinn,
Die flüchten aus der Herde in des Schicksals Stall,
Mit Opium ins Grenzenlose zu entfliehn!
– Dies ist auf immer der Bericht vom Erdenball.«

VII

Mit welch bitterem Wissen Reisen uns erfüllt!
Die Welt, eintönig, klein, läßt heute uns erschauen
Und gestern, morgen, immer dieses unser Bild:
Wüste aus Langeweile, Oase voller Grauen!

Soll man nun fortziehn? bleiben? Wenn's sein muß, sollst du
ziehn;
Bleib, wenn du kannst. Der eine rennt, der andre hockt,
Um den verheerenden und wachen Feind zu fliehn,
Die Zeit! Und andre gibt's, die Wandern immer lockt,

Die wie der ewige Jude, wie die Apostel treiben,
Doch weder Schiff noch Wagen bringt sie an den Ort,
Wo sie dem Netz entgingen; wieder andre bleiben
In ihrer Heimat und sie töten sie gleich dort.

Wenn sie den Fuß uns endlich auf den Nacken setzt,
Dann rufen wir: Voran! weil wir voll Hoffnung sind.
Genau so brachen wir nach China auf zuletzt,
Den Blick hinaus ins Weite und das Haar im Wind;

Wir schiffen auf dem Meer der Finsternis uns ein
Wie junge Passagiere, froh das Herz erregt.
Und schauerlich und lockend tönen Stimmen drein:
»Hierher! die ihr vom süßen Lotos kosten mögt!

Man kann nur hier die wundersamen Früchte pflücken,
Um welche euer Herz in seinem Hunger fleht;
So laßt euch von der fremden Lieblichkeit berücken
Des einen Nachmittags, der nie zu Ende geht!«

Der Geist verrät sich uns mit der vertrauten Stimme;
So mancher Pylades die Arme nach uns streckt.
»Willst du dein Herz beleben, zu Elektra schwimme!«
Sagt jene, der mit Küssen wir einst die Knie bedeckt.

VIII

Tod, alter Kapitän, Zeit zum Anker lichten!
Uns langweilt dieses Land! Wir wollen klar Schiff machen!
Wenn Himmel sich und Meer wie Tinte schwarz verdichten,
Die Herzen, die du kennst, strahlend ihr Licht entfachen!

Die Gifte flöß uns ein, die wir zur Stärkung brauchen!
Laßt uns, solang die Flammen unser Hirn entzünden,
Ob Himmel oder Hölle, tief in den Abgrund tauchen,
Tief in das Unbekannte, *Neues* dort zu finden!

Editorische Notiz

Der Text der vorliegenden Ausgabe folgt in Bestand und Anordnung der 1861 erschienenen zweiten Auflage der *Fleurs du Mal*. Diese war von Baudelaire gegenüber der ersten Auflage von 1857 um 32 Gedichte vermehrt worden; dafür fehlten in ihr die sechs wegen Immoralität gerichtlich verbotenen Texte. Sie sind auch hier unberücksichtigt geblieben, ebenso wie die Gedichte, die Baudelaire seit 1862 für eine dritte, nochmals erweiterte Ausgabe schrieb. Diese »Edition définitive« konnte Baudelaire nicht mehr vollenden; sie wurde erst im Jahre 1868 postum von Théodore de Banville zusammengestellt. Die hier vorgelegte Ausgabe bietet somit die letzte vom Autor selbst komponierte Gestalt seines großen Gedichtzyklus.

Wer sämtliche von Baudelaire für die *Fleurs du Mal* vorgesehenen Gedichte zur Hand haben will, sei auf die ebenfalls in der Universal-Bibliothek erschienene zweisprachige Edition verwiesen, die auch mit einem umfangreichen Kommentar versehen ist: Charles Baudelaire, *Les Fleurs du Mal. Die Blumen des Bösen*, Französisch/Deutsch, Übersetzung von Monika Fahrenbach-Wachendorff, Anmerkungen von Horst Hina, Nachwort und Zeittafel von Kurt Kloocke, Stuttgart: Reclam, 1980 [u. ö.] (Universal-Bibliothek, 9973). Dieser zweisprachigen Ausgabe ist auch die vorliegende Nachdichtung entnommen – allerdings nicht unverändert. Ein gutes Jahrzehnt nach ihrer Entstehung hat Monika Fahrenbach-Wachendorff die Übersetzung für die einsprachige Neuausgabe einer durchgehenden Revision unterzogen.

Der deutschen Fassung liegt die folgende französische Originalausgabe zugrunde: Baudelaire, *Œuvres complètes*, texte établi, présenté et annoté par Claude Pichois, [Bd.] I, Paris: Gallimard, 1975 (Bibliothèque de la Pléiade).

Nachwort

»Baudelaire ist *libertin*, mystisch, ›satanisch‹, aber vor allem wagnerisch«, schrieb Nietzsche 1888. Er hatte sich in den *Fleurs du Mal* all die Stellen angestrichen, »in denen eine Art *Wagnerischer Sensibilität* ist, welche sonst in der Poesie keine Form gefunden hat«, und gab nun seiner Genugtuung darüber Ausdruck, aus nachgelassenen Werken zu erfahren, daß Baudelaire, »jener bizarre Dreiviertels-Narr«, sich seiner Geistesverwandtschaft mit Wagner durchaus bewußt gewesen sei. In der Tat hatte Baudelaire nach dem Anhören von *Lohengrin* und *Tannhäuser* in Paris 1860 Wagner für den »größten musikalischen Genuß«, den er je empfunden habe, gedankt, hatte alsbald in einem Essay, dem ersten großen Essay zu Wagner überhaupt, seine vermessen klingende Behauptung gerechtfertigt, dies sei *seine* Musik, um schon wenig später resigniert zu seufzen: »Ich wage nicht mehr von Wagner zu reden; man hat sich zu sehr über mich lustig gemacht. Diese Musik ist eine der ganz großen Freuden meines Daseins gewesen: ich habe gut fünfzehn Jahre keine solche Erhebung gefühlt.«

Erhebung, Enthebung, Erhabenheit, Überhobenheit sind die Raummetaphern, denen Baudelaire am häufigsten seine Erlebniswelt glaubt anvertrauen zu können und die alle Leser als ein ebenso sehnendes wie vergebliches Nach-oben-Drängen im Gedächtnis behalten. Vergeblich deshalb, weil die Gegenbewegung stets mit dem Höhendrang zusammen empfunden wird, die ›religiöse Ekstase‹ im Paroxysmus des Sinnlichen, im rauschhaften Aufgipfeln stets auch als Fesselung, Unterjochung gesucht und genossen wird. Wo der kometenhaften Aufwärtsbewegung sich die ihr entsprechende Farbphantasie beigesellt, geht es – immer noch in Gleichung mit der Wagnerschen Musik – vom schweren Dunkelrot über alle Zwischentöne bis zum Weißglühen, bevor der Elan erkaltend in sich zusammensinkt. Überhaupt ist das Glühende, Brennende, Angefachte, Lodernde in all seiner energieraubenden Instabilität so recht der prekäre Aufenthaltsort und zitternde Aggregatszustand dieser Kunstübung, die ihren schönsten Moment da erreicht, wo sie zwischen entrückter Feierlichkeit und berückender Sinnlichkeit verhält, die Frage, was danach käme, als philisterhaft, platt und spießig von sich weisend.

Das künstlerisch Wichtigste an Baudelaire war wohl dies und nichts anderes: die Findung eines einzigartigen warmen, intimen Sprachtons, einer eigenen »Farbe«, wie sie – anders – Vermeer oder Rembrandt oder Rubens gefunden hatten, gleichartig aber niemand außer Wagner und – sehr in der Nähe – Delacroix. So jedenfalls haben es die Künstler des 19. und noch des 20. Jahrhunderts empfunden. Es ist merkwürdig und wohl nicht unbedenklich, daß von seiten der Kritik, vorwiegend der deutschsprachigen, beim Bemühen um Epochenindizien Wagner so wenig, Baudelaire so sehr die Rolle eines Künders der »Modernität« zugeteilt wird, je nach der geschichtsspekulativen Akzentuierung ablehnend, reserviert oder bejahend.

In allem, was Einstellung, Haltung, Überzeugung, Urteil betrifft, war Baudelaire von verwirrender Widersprüchlichkeit. Er war gegen das Aufklärerische, er verachtete das Demokratische, er haßte den französischen *bon sens*, für dessen platte Erscheinungsform er – leider – Molière die Schuld gab, doch die Bettler und die Lumpensammler, die Dirnen und die Verbrecher, die Trinker und die Süchtigen hatten sein Herz, und 1848 ließ er sich vom großen Revolutionsfieber anstecken. Er war gegen den Fortschrittsgedanken, der allenthalben seinen Siegeszug angetreten hatte, aber er schrieb doch auch, daß die Zeit nicht mehr weit sei, wo »jede Literatur, die sich weigern würde, brüderlich mit Wissenschaft und Philosophie zu marschieren, menschenmörderisch ebenso wie selbstmörderisch« sei, und er war allen wissenschaftlichen Neuheiten seiner Zeit gegenüber aufgeschlossen, einschließlich der Homöopathie, deren Prinzip *similia similibus* wohl nicht ohne Einfluß auf seine Vorstellung der *Entsprechungen* oder *Übereinstimmungen* zwischen den verschiedenen Daseinsbereichen geblieben sein dürfte (vgl. das berühmte Sonett dieses Titels). Er war durch und durch anarchistisch gesonnen, begeisterte sich aber für das streng gegliederte Gesellschaftsmodell der Fourieristen. Der Erzverlästerer katholischer Moral berief sich nach der Verurteilung der *Fleurs du Mal* auf Balzacs Verteidigung der Darstellung des Bösen in der Literatur, in der es heißt: »Die Moral ist absolut, für uns Franzosen ist es die katholische Religion« (Brief an H. Castille). In seinen Häßlichkeitsphantasien ausschweifend bis zum Unflätigen konnte er ausgesuchte Höflichkeit, scheues Zartgefühl und seltenen Takt an den Tag legen, etwa wenn er dem eingangs erwähnten Brief an Wagner das Postskriptum anfügte, er wolle keine Anschrift angeben, weil er fürchte (wäre solches heute noch denkbar?), sein Adressat könnte glauben, er verbinde mit seinem begeisterten Lob irgendeinen Hintergedanken.

Baudelaire war vor allem – und es wäre verfehlt, unmenschlich, ja ›ästhetizistisch‹, dies nicht auch für seine Dichtung zu berücksichtigen – ein schwer kranker Mensch. Minutiös hat die Forschung hier (wie auch für seine finanziellen Verhältnisse) eine erschreckende Bilanz zusammengetragen. Er war von seinem achtzehnten Lebensjahr an venerisch infiziert, mit allem, was dies zu jener Zeit noch physisch zu bedeuten hatte, mit *petit écoulement*, Hautausschlägen, Haarausfall; seit dem sechsundzwanzigsten Jahr kamen infolge übermäßigen Alkohol- und Laudanumgenusses anhaltende Magen-Darm-Beschwerden hinzu; spätestens sieben Jahre danach sind starke nervöse Störungen die Regel, verbunden mit Appetitlosigkeit, Schwindel, Atemnot, Kopfschmerzen, Erbrechen, Schüttelfrost; Angstzustände mit depressiven und auch hypochondrischen Reaktionen konnten nicht ausbleiben; Atonie wurde häufiger, Schreibstörungen sind in den Manuskripten unübersehbar; das Ende war eines der elendesten, das sich denken läßt: Gehirnerweichung, halbseitige Lähmung mit Sprachstörung nach Schlaganfall 1866 in der ungeliebten belgischen Umgebung (nur Wagners Musik, die man ihm vorspielte, soll ihn noch erfreut haben). Daß all die Zeit über keine Anzeichen von Wahn oder Delirium auftraten, ist erstaunlich, dürfte aber das Leiden auf der Bewußtseinsseite nur noch verschlimmert haben. Der nimmer endende Streit darüber, ob sein *spleen* nun physiologischer, psychologischer oder metaphysischer Natur war, nimmt angesichts dessen allzu häufig Züge eines erbarmungslosen Gelehrtendisputs an. Wo eine Neuritis der Seh- und Gehörsnerven (als Luesfolge) diagnostiziert ist, da kann die Annahme einer Verbindung zu den Synästhesieerlebnissen, die die Dichtung so faszinierend beschreibt, nicht gut von der Hand gewiesen werden. In seinen sechsundvierzig Lebensjahren waren Baudelaire insgesamt nur etwa acht Jahre schöpferischer Tätigkeit vergönnt (1842 bis 1846 und 1857–61). Auch wenn darüber keine stringenten Erkenntnisse vorliegen: ein Altersunterschied der Eltern von vierunddreißig Jahren stimmt jeden Mediziner bedenklich. Daß mindestens drei Selbstmordversuche unternommen wurden, dürfte nach alldem kaum mehr wundernehmen. Wer je mit solch bedauernswerten Menschen in Berührung kam, der weiß, daß man von ihnen ein Bewußtsein für zwischenmenschliche Werte und Verantwortung oder gar wegweisende Rollen kaum erwarten kann. Man sollte sie ihnen daher auch nicht antragen. Solche Menschen suchen vor allem nach zweierlei: Linderung ihrer Schmerzen und Anerkennung ihrer Persönlichkeit. Schmerzgenuß (Algolagnie) ist für sie eine Überlebenstechnik. Sie kann zum Rudiment eines ästhetischen Prinzips werden. Baudelaire schreibt: »Ich habe meine Hysterie [selbst der vageste Ausdruck ist noch willkommen] mit Genuß und mit Grausen gepflegt.« Und: »Die Hysterie! Warum sollte dieses physiologische Mysterium nicht das Grundgestein eines literarischen Werkes abgeben.« Man muß ihn hier allerdings gegen sich selbst in Schutz nehmen, insofern er einem Reduktionismus das Wort zu reden scheint: Daß von der Krankheit zur Kunst kein direkter Weg führt, dürfte heute allgemein anerkannt sein. Man muß ihn aber auch gegen eine unsinnige

Interpretationssucht in Schutz nehmen, die ihn zum Epochen-deuter, zum Modernitätssymbol, zum Künder von Heils-oder Unheilszeiten, zum Initiator der Entdinglichung in der Kunst oder zum Indikator eines gesellschaftlich-moralischen Gesamtentwicklungsstandes machen will. Nichts von alledem ist eindeutig oder war gar eindeutig von ihm gewollt.

Gewollt war auch nicht, wie behauptet worden ist, die Aufkündigung des Verhältnisses zur *Natur* zugunsten steri-ler Städteparadiese, nur weil er einmal sarkastisch vom »geheiligten Gemüse« gesprochen hatte und davon, daß er an der blühenden und sich verjüngenden Natur etwas Schamloses und Bedrängendes finde (Brief an F. Desnoyers, 1853). Gewiß zeigte dieser Flâneur nicht die geringste Nei-gung zum Wandervogel, aber das Bewundernswerte bei ihm ist doch, wie er, der aufgrund seiner Konstitution dem Natürlichen sicher mit Angst begegnete (am meisten dem, was er zu Zeiten als Inbegriff der Natur empfand: dem *Weiblichen*), sich diese Natur – gewiß abstrahierend – dich-terisch aneignete. Man denke nur an seine Meeresevokatio-nen. Im erwähnten Brief an Wagner heißt es: »Ich habe allenthalben in Ihren Werken das Feierliche des großen Rauschens, der großen Anblicke der Natur und [gleichzeitig damit] das Feierliche der großen menschlichen Passionen vorgefunden.«

Wo er sich »in der Tiefe der Wälder« an die Gewölbe der Kathedralen erinnert fühlt, beweist Baudelaire ja ein – durch Chateaubriand vermitteltes – ›gothisches‹ Empfinden. Zu der Frage nach seinem Verhältnis zu Christentum und Katholizismus hat Erich Auerbach sehr richtig gesagt, man schulde es der christlichen Überlieferung, »festzustellen, daß die innere Richtung der *Fleurs du Mal*, obwohl ohne diese Überlieferung unvorstellbar, von ihr grundverschieden ist«. Dies gelte insbesondere für die Verderbnis des Sinnli-chen im Verhältnis zur christlichen Geschlechtsmoral. Liest man die *Blumen des Bösen* als das Buch der *luxuria*, was sie ja zu großen Teilen sind, als das Buch der ungehemmt wuchernden Sucht nach Genuß und der Einforderung des

Rechtes darauf, so mag auch die Anschauung gerechtfertigt erscheinen, daß es sich um einen regelrechten Gegenentwurf handelt, um eine trotzig-satanische Pervertierung, die in der Negierung das Geleugnete bestätigt, ja durch das Negieren überhaupt erst noch einmal auf den Plan ruft (bis hin zu Prozeß und Zensur), was eigentlich schon müde und am Abtreten war. Erinnern wir uns einen Augenblick an die Ursprünge. »Töchter der *luxuria*«, definierte Thomas von Aquin, sind: Blindheit von Geist und Sinn, Unbesonnenheit, Unfestigkeit, Überstürztheit, Selbstliebe, Gotteshaß, Verlangen nach der gegenwärtigen Welt, Schrecken und Verzweiflung vor der zukünftigen. Die Überlegung lohnt, so scheint es, wieweit dieses Programm nicht geradezu neu aufgerufen wurde, ja wie weit es, falls es nicht existierte, neu hätte erfunden werden müssen. Von ›Modernität‹ wird man – zumindest in diesem Bereich – nicht sprechen können, auch wenn die Ästhetisierung des Bösen insgesamt ein moderner Vorgang ist. Die Überlegung lohnt auch, warum eigentlich die sogenannten sozialistischen Länder von ihrem Klassenfeind einen Zensurakt übernahmen und noch weit verschärften: die Lektüre Baudelaires war verboten, sie konnte zum Beispiel in der DDR erst 1974 wieder erkämpft werden, durch eine – in sich erstaunliche – interpretatorisch-dialektische Argumentationsanstrengung.

Schönheit ist die Verheißung des Glücks, sagte Stendhal. Und Baudelaire fügte dieser schon sehr unruhig-instabilen Anschauung der Schönheit noch die Fremdartigkeit als ihre unerläßliche Würze hinzu. Und seither gilt wohl, was Jean Cau einmal so ausdrückte: »Sehr gute Menschen haben keinerlei Sinn für Schönheit.« Was an Baudelaires Dichtung aber wohl alle Leser beunruhigt hat, ist das Fehlen von Elementen wie *esprit* oder *verve*. Kein Prickeln, kein Tändeln, kein Lachen, keine Ironie (dabei hat er Heine gegen seine französischen Kritiker verteidigt)! Doch auch nichts Volkstümliches, nichts Naives, nichts Sangbares in seinen Versen. Statt dessen – und inmitten von so viel Sarkasmus und Groteske – nur dieser hohe Purpur, nur diese weit ausschwingenden Satzbewegungen, die alle Heimtücke und Tyrannei, alle Entwürdigung und Erniedrigung des Daseins aufheben, nur diese Flugbahnen seiner – äußerlich ja so traditionellen – Verse und Strophen, in denen nicht nur das Schmutzige und Böse, sondern bisweilen sogar das einfach Banale durch den Zauber eines ›Tones‹ einen Wandel erfahren, den wir uns seit ihrem Erscheinen vergebens zu erklären bemühen.

*

»Die besondere Schönheit so vieler baudelairescher Gedichtanfänge ist: das Auftauchen aus dem Abgrunde«, hat Walter Benjamin notiert. Auf diese langsam und majestätisch gezogene farbige Bahn, auf der ein leuchtender Körper die dunklen Tiefen erhellt, aus denen er hervorgebrochen ist, gilt es sich einzustellen, auf diese unverwechselbare Klangbewegung der besten Baudelaire-Verse (denen die schwächeren, ja platten – wie Valéry mehrfach mit Staunen vermerkt hat – nichts anhaben können) muß man sich einhören:

Je t'adore à l'égal de la voûte nocturne ...

oder:

A la pâle clarté des lampes languissantes ...

oder:

J'aime de vos longs yeux la lumière verdâtre ...

Noch wichtiger vielleicht ist die Sanftheit des Ausklingens:

Ah! laissez-moi, mon front posé sur vos genoux,
Goûter, en regrettant l'été blanc et torride,
De l'arrière-saison le rayon jaune et doux!

Was mag aber, so wird man fragen, davon in einer Übersetzung noch aufscheinen? Daß Lyrik unübersetzbar sei, oder doch zumindest das eigentlich Lyrische, diese Erfahrung ist für jeden von uns ein notwendiges Durchgangsstadium. Nach solcher Zeit des Absoluten aber muß man zusehen, und zwar möglichst genau, was menschenmöglich ist. Die Wirkung von Poesie ist unendlich, aber die Zahl ihrer Parameter ist endlich. Der ›treue‹ Übersetzer kann und muß abwägen, zu welchen Opfern er sich entschließt, an welchen Stellen er, wenn es denn nicht anders geht, untreu werden will. Gerade dies tut die Übersetzung von Monika Fahrenbach-Wachendorff. Ihr Hauptaugenmerk gilt der Bewahrung der Bilder, der vom Dichter so und nicht anders gewollten Annäherung seelischer an außerseelische Wirklichkeiten mit den Mitteln, die die Sprache dafür zur Verfügung stellt. Hier sollte nach ihrer Auffassung möglichst wenig verschoben, umgestellt oder gar übergangen werden. In der Tat liegt die Stärke dieser Übersetzung in ihrer handwerklich behutsamen, feinfühligen, aber unprätentiösen Gediegenheit, die sich alles ›Poetisieren‹ versagt. Erstaunlich daran ist aber, daß durch diese Bescheidung gleichsam nebenbei auch anderen Parametern Genüge geleistet wird und vieles selbst in dem so anspruchsvollen klanglichen Bereich richtig und angemessen erscheint, ja manchmal in die Nähe der erträumten ›Gleichwertigkeit‹ gelangt. Man vergleiche etwa den oben angeführten Schluß von *Herbstlied II* mit dem aus früheren Übertragungen und bedenke dabei, daß es viel ausmacht, ob man ein Werk in Auswahl oder aber – wie hier – vollständig übersetzt. Zunächst Stefan George:

> Ach ich will knieend dir zu füssen sein
> Des weissen dürren sommers flucht bedauernd
> Mich freun am gelben milden spätjahrschein.

Sodann Carlo Schmid:

> Ach, lasse mich die Stirn in deinem Schoße haben
> Und, weinend um des starren Sommers weißes Lohn,
> An Spätjahrs sanftem gelbem Strahl mich laben!

Weiter die Prosafassung von Friedhelm Kemp:

> Ach! laß mich, meine Stirn auf deine Knie gestützt,
> bedauernd, daß der weiß und heiße Sommer ging, am
> sanften gelben Spätjahr-Strahl mich laben!

Schließlich Monika Fahrenbach-Wachendorff:

> Ach! laß mich, meine Stirn auf deine Knie gesenkt,
> Wehmütig weißer, heißer Sommerglut nachsinnen,
> Die milden Strahlen kosten, die das Spätjahr schenkt!

Vielleicht wird man einräumen: Und die Treue, sie ist doch
kein leerer Wahn ...

Hartmut Köhler

Inhalt

Pariser Bilder

Der Wein

Blumen des Bösen

Französische Literatur

IN RECLAMS UNIVERSAL-BIBLIOTHEK

Philipp Reclam jun. Stuttgart

Lyrik-Ausgaben

IN RECLAMS UNIVERSAL-BIBLIOTHEK

Deutsche Literatur · Auswahl

Philipp Reclam jun. Stuttgart